Fokus *Chemie*

Klasse 7

Gymnasium
Niedersachsen

Cornelsen

Autoren:
Dr. Karin Arnold, Prof. Dr. Volkmar Dietrich

Herausgeber:
Dr. Karin Arnold, Prof. Dr. Volkmar Dietrich

Redaktion:
Heidi Riens

Illustration:
Wolfgang Mattern, Hans Wunderlich

Grafik:
Marina Goldberg

Umschlaggestaltung und Layoutkonzept:
Wolfgang Lorenz

Layout:
Karla Detlefsen, Sabine Matthes

www.cornelsen.de

1. Auflage, 1. Druck 2006/06

Alle Drucke dieser Auflage sind inhaltlich unverändert
und können im Unterricht nebeneinander verwendet werden.

© 2006 Cornelsen Verlag, Berlin

Das Werk und seine Teile sind urheberrechtlich geschützt.
Jede Nutzung in anderen als den gesetzlich zugelassenen Fällen bedarf
der vorherigen schriftlichen Einwilligung des Verlages.
Hinweis zu § 52 a UrhG: Weder das Werk noch seine Teile dürfen ohne eine
solche Einwilligung eingescannt und in ein Netzwerk eingestellt werden.
Dies gilt auch für Intranets von Schulen und sonstigen Bildungseinrichtungen.

Druck: Stürtz GmbH, Würzburg

ISBN 13: 978-3-06-013945-3
ISBN 10:   3-06-013945-8

 Inhalt gedruckt auf säurefreiem Papier aus nachhaltiger Forstwirtschaft.

Inhalt

Was ist Chemie? — 5

Überall Chemie — 6
Chemie – Chancen und Gefahren — 8
Umgang mit Chemikalien — 10
Typische Tätigkeiten in der Chemie — 12
Methode Regeln beim Experimentieren — 13
Methode Umgang mit dem Brenner — 14
Methode Lernen an Stationen und Expertenmethode — 15
Methode Basiskonzepte für das Fachwissen in Chemie — 16

Stoffe und ihre Eigenschaften — 17

Stoffe um uns — 18
Selbst untersucht Ermitteln von Eigenschaften — 20
Methode Protokollieren von Experimenten — 21
Eigenschaften von Stoffen erkennen — 22
Methode Bearbeiten eines Projekts — 24
Selbst untersucht Messen von Eigenschaften — 25
Messbare Eigenschaften — 26
Steckbriefe von Stoffen — 28
Selbst untersucht Stoffe bei unterschiedlichen Temperaturen — 29
Aggregatzustände von Stoffen — 30
Bau der Stoffe aus Teilchen — 32
Weitergedacht — 35
Auf einen Blick — 36

Stoffgemische — 37

Selbst untersucht Mischen und Trennen von Stoffen — 38
Stoffgemische oder Reinstoffe? — 40
Trennen von Stoffgemischen — 42
Zusammensetzung von Stoffgemischen — 45
Selbst erforscht Kristalle selbst gezüchtet — 46
Selbst untersucht Wasser als Lösemittel — 48
Lösemittel Wasser — 50
Saure und alkalische Lösungen — 52
Trinkwasser und Abwasser — 54
Selbst erforscht Wohin mit dem Müll? — 56
Selbst erforscht Stoffen auf der Spur — 58
Weitergedacht — 60
Auf einen Blick — 61
Check-up — 62

63	**Anhang**
63	Übersicht über Größenordnungen
64	Lösungen zu den Check-up-Aufgaben
66	Gefahrensymbole, Gefahrenhinweise
67	Sicherheitsratschläge
68	Entsorgung von Gefahrstoffabfällen
69	Liste von Gefahrstoffen
70	**Register und Bildnachweis**

Umweltschäden entstehen auch bei einer Havarie von Erdöltankern und an Pipelines sowie durch unsachgemäßen Umgang mit Chemieprodukten. Dabei zeigt sich häufig, dass menschliches Fehlverhalten zu solchen Katastrophen geführt hat. Zur Behebung bzw. Minderung der Schäden werden Produkte der chemischen Industrie eingesetzt.

Der brennende Öltanker „Aegean Sea" vor La Coruña (Nordwestspanien)

Ausbreitung eines Ölteppichs

Kampf gegen Ölschäden am Strand nach einer Tankerhavarie

Kenntnisse auf dem Gebiet der Chemie helfen, die Geschehnisse um uns zu verstehen, mit Stoffen verantwortungsvoll umzugehen sowie Gefahren und Ursachen von Störfällen zu erkennen und deren Folgen zu beseitigen.

Verschmutztes Gewässer

Über 90 % der anfallenden Abwässer werden in industriellen und kommunalen Kläranlagen gereinigt.

Umgang mit Chemikalien

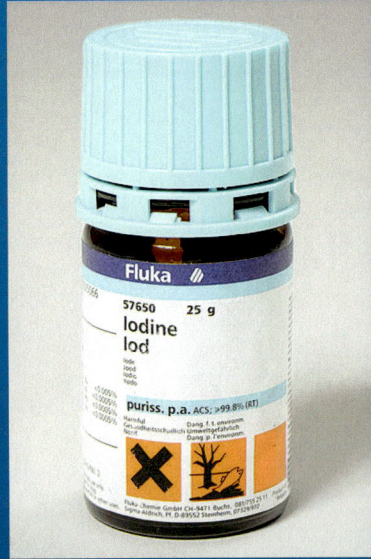

Aufbewahren von Chemikalien Alle Chemikalien, die im Chemieunterricht verwendet werden, müssen in besonderen Chemikalienflaschen aufbewahrt werden und eindeutig beschriftet sein. Keinesfalls dürfen Chemikalien in Lebensmittelbehältnisse abgefüllt oder aufbewahrt werden, da es dadurch leicht zu Verwechslungen und zu gesundheitlichen Schäden kommen kann. Das gilt vor allem auch für die chemischen Stoffe, die euch im Haushalt und Alltag begegnen. Sie dürfen grundsätzlich nur in den dafür zugelassenen Gefäßen verwendet und aufbewahrt werden.

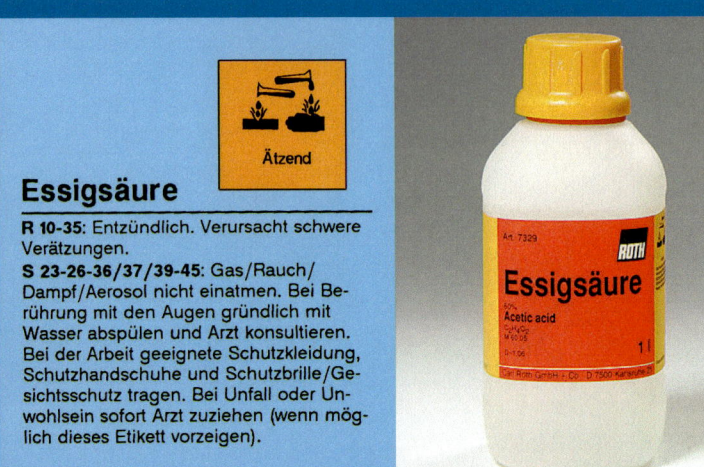

Info

Für Gefahrstoffe sind Sicherheitsetiketten vorgeschrieben, die international festgelegte **Gefahrensymbole**, **Kennbuchstaben** und die **Gefahrenbezeichnung** tragen.
Diese Gefahrensymbole sind dir sicher schon im Alltag aufgefallen z. B. an einer Tankstelle, auf Farbdosen, Haushaltsreinigern oder Grillanzündern. Das Gefahrensymbol ermöglicht eine erste schnelle Information über den Stoff. So lässt sich daran erkennen, ob ein Stoff z. B. giftig, reizend oder umweltgefährlich ist.

Gefahrstoffe Von einigen Stoffen, die im Chemieunterricht wie auch im täglichen Leben verwendet werden, können Gefahren ausgehen. Stoffe, die giftig sind, können durch Einatmen oder Verschlucken zu schweren Gesundheitsschäden oder gar zum Tod führen. Andere Stoffe sind z. B. schon durch Funken leicht entzündbar und können unter bestimmten Bedingungen sogar explodieren. Ätzende Stoffe zerstören die Kleidung, die Schuhe, die Haut oder die Augen, aber auch die Oberfläche von Gegenständen.
Alle gesundheitsschädlichen und gefährlichen Stoffe werden als **Gefahrstoffe** bezeichnet.
Der Umgang mit Gefahrstoffen wird durch die **Gefahrstoffverordnung** geregelt. Behälter mit Gefahrstoffen müssen gekennzeichnet sein.

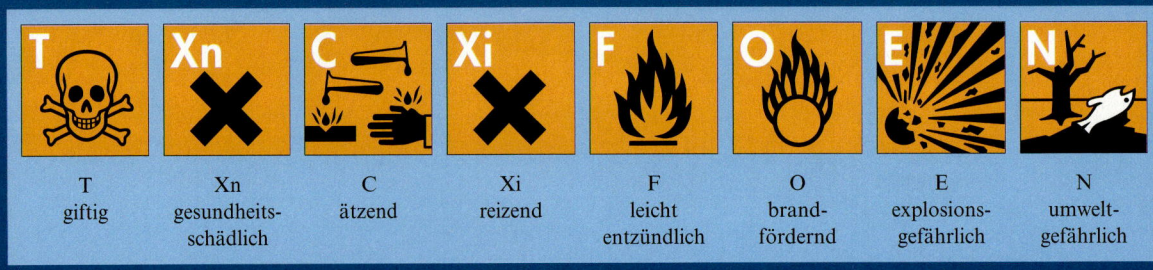

Gefahrensymbole und Kennbuchstaben

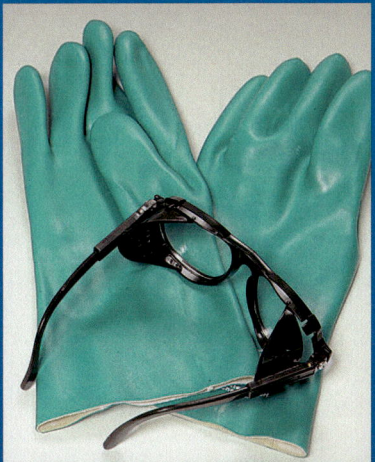

Schutzhandschuhe und Schutzbrille   Feuerlöschmittel

Auf die besonderen Gefahren beim Umgang mit dem Stoff weisen auf dem Etikett **R-Sätze** (engl. risk – Gefahr) hin. Sicherheitsratschläge werden durch **S-Sätze** (engl. security – Sicherheit) angegeben. Im Anhang des Buches sind die Gefahrensymbole sowie R- und S-Sätze zur genaueren Information zusammengestellt.

Entnahme von Chemikalien Beim Ausgießen einer Flüssigkeit aus einer Flasche wird die Flasche stets so gehalten, dass die Hand das Etikett umfasst, damit herunterlaufende Flüssigkeitstropfen das Etikett nicht beschädigen können. Vor dem Öffnen eines Behälters sind stets die Gefahrenhinweise zu lesen.

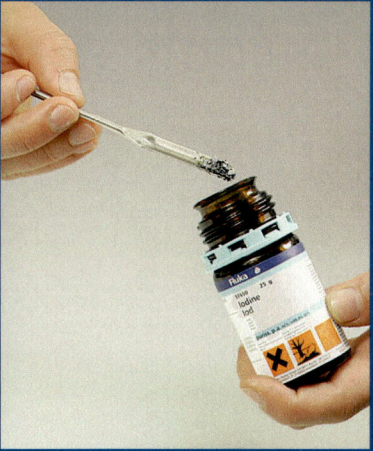

Ausgießen einer Flüssigkeit aus einer Chemikalienflasche   Entnehmen von Chemikalien mit einem Spatel

Chemikalien dürfen nicht mit den Fingern angefasst werden. Sie werden mit einem Spatel oder Spatellöffel entnommen. Grundsätzlich dürfen keine Geschmacksproben vorgenommen werden.
Um sich und andere Personen nicht zu gefährden, muss mit Chemikalien sehr sorgfältig und äußerst sparsam umgegangen werden.

Info

Entsorgung von Chemikalien
Chemikalienreste können die Umwelt unterschiedlich stark belasten. Deshalb dürfen z. B. keine wassergefährdenden Stoffe, wie Öl- oder Benzinreste, ins Abwasser gelangen.
Feste und flüssige Chemikalienreste werden in entsprechend beschriftete Sammelbehälter bzw. Entsorgungsgefäße gegeben. In der Regel sind die Sammelbehälter aus Kunststoff oder Glas. Die so gesammelten Chemikalien werden wieder aufbereitet oder an Entsorgungsunternehmen abgegeben.

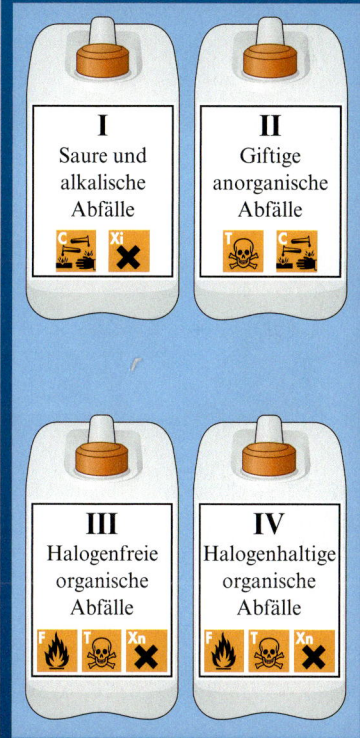

Sammelbehälter für Chemikalienreste

Auffälligkeiten in der Natur, wie die Gebilde aus Tropfstein, weckten schon immer das Interesse der Menschen. Durch genaues Beobachten und Probieren lernten sie schon frühzeitig die Eigenschaften und Verwendungsmöglichkeiten vieler Stoffe aus ihrer Umgebung kennen.

Tropfsteinhöhle

Typische Tätigkeiten in der Chemie

Ein wichtiges Ziel der heutigen Forschung und Entwicklung auf dem Gebiet der Chemie ist die Herstellung neuer Stoffe mit besonderen Eigenschaften für spezielle Einsatzgebiete. So würde es z. B. ohne reines Silicium weder den Computer noch die ec-Karte oder Mikroapparate für die Medizin- und Umwelttechnik geben.

Alles, was man in der Chemie kennt, beruht auf Beobachtungen und Experimenten. Experimente sind Fragen an die Natur. Dabei können durch genaue Beobachtungen Zusammenhänge in der Natur erkannt und neue Erkenntnisse gewonnen werden.
Chemische Experimente erfordern oft besondere Geräte und Einrichtungen. Für ein gefahrloses Arbeiten werden Schutzbrillen, Schutzscheiben sowie Abzugseinrichtungen benötigt.

Modelleisenbahn

Beobachtungen und Experimentergebnisse lassen sich nicht immer ohne weiteres deuten, da die Vorgänge im Einzelnen oft nicht wahrnehmbar sind. In derartigen Fällen ist es vorteilhaft, Modelle zu verwenden. Sie helfen, Erscheinungen und Vorgänge zu beschreiben und zu deuten. Modelle geben aber die Wirklichkeit nie vollständig wieder. Modelle als Abbilder, z. B. von Verkehrsmitteln, sind dir sicherlich bekannt.

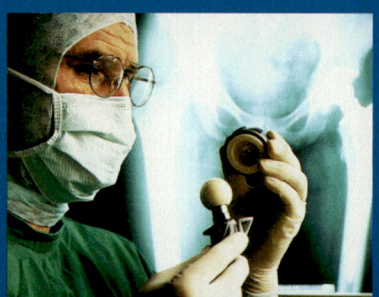
Hüftgelenkprothese mit Keramikbauteil

Untersuchungen im Chemielabor

Am Ende des bisher Gesagten kann die Frage „Was ist Chemie?" zusammenfassend beantwortet werden:

→ Die **Chemie** ist eine auf Erfahrungen und Experimenten beruhende Naturwissenschaft.
→ Sie befasst sich mit Stoffen, ihren Eigenschaften, der Untersuchung von Vorgängen und der Herstellung neuer Stoffe.

Methode

Regeln beim Experimentieren

Zahlreiche Einrichtungen im Fachraum Chemie dienen der Sicherheit beim Experimentieren. Jeder, der den Fachraum betritt, sollte den Standort und die Bedienung dieser Einrichtungen kennen.

- NOT-AUS-Schalter
- Feuerlöschmittel: Löschsand, Feuerlöschdecke, Feuerlöscher, Wasserdusche
- Erste-Hilfe-Einrichtungen: Verbandskasten, Augendusche, Trage
- Telefon-Notruf: 110 Polizei, 112 Feuerwehr

Aus Sicherheitsgründen wird der Chemieraum nur mit einer Lehrkraft betreten. Essen und Trinken sind im Chemieraum verboten.

Experimente im Chemieunterricht haben eine ähnliche Bedeutung wie in der Forschung. Deshalb muss jedes Experiment gründlich vorbereitet, sorgfältig durchgeführt und ausgewertet werden. Beachte dabei die folgenden Regeln:

Wichtige Grundregeln

1. Halte stets Ordnung und Sauberkeit.
2. Fächle bei Geruchsproben Gase oder Dämpfe mit der Hand zur Nase. Führe Geruchsproben nur nach Aufforderung durch.
3. Erhitze Flüssigkeiten im Reagenzglas äußerst vorsichtig. Bewege das Reagenzglas beim Erwärmen. Es kann zum plötzlichen Herausspritzen von Flüssigkeit kommen (Siedeverzug).
4. Richte die Öffnung des Reagenzglases dabei nie auf andere Mitschüler. Schaue nie in ein offenes Reaktionsgefäß.
5. Binde langes Haar mit einem Band zusammen.

Vor dem Experimentieren

1. Lies die gesamte Versuchsanleitung und erfasse die Zielstellung des Experiments.
2. Informiere dich über mögliche Gefahren und notwendige Sicherheitsmaßnahmen.
3. Stelle die erforderlichen Geräte und Chemikalien bereit.
4. Setze eine Schutzbrille auf.

Während des Experimentierens

1. Beginne erst mit dem Experiment, wenn es die Lehrkraft erlaubt.
2. Halte dich genau an die Durchführungsschritte.
3. Beobachte während des Experimentierens genau.
4. Notiere alle Wahrnehmungen und Messwerte.

Nach dem Experimentieren

1. Gib alle Chemikalienreste in die gekennzeichneten Sammelbehälter.
2. Baue die Versuchsapparatur sorgfältig ab, säubere die Geräte und räume sie weg.
3. Melde Beschädigungen an den Geräten der Lehrkraft.
4. Verlasse nur einen sauberen Arbeitsplatz. Prüfe, ob die Gas- und Wasserhähne geschlossen sind.
5. Werte die Beobachtungen aus und formuliere das Ergebnis. Fertige, wenn gefordert, ein Protokoll an.

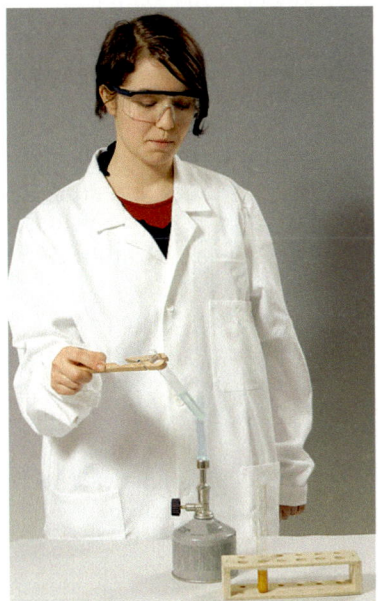

1 Erhitzen einer Flüssigkeit

2 Geruchsprobe

Methode

Umgang mit dem Brenner

Ein unentbehrliches Arbeitsgerät beim Experimentieren ist der Brenner. Er wird zum Erhitzen von Stoffen benötigt. Der nach seinem Konstrukteur benannte **Bunsenbrenner** ist der Grundtyp aller Brenner. Im Chemieunterricht wird häufig der **Teclu-** oder der **Kartuschenbrenner** verwendet. Das Arbeiten mit dem Brenner ist nicht ungefährlich. Unverbranntes Gas darf nicht entweichen, da es mit Luft explosive Gemische bilden kann.
Häufig ist die Flamme schwer zu erkennen, sodass du dich verbrennen kannst.
Bei einem unachtsamen Umgang mit dem Brenner besteht die Gefahr von Bränden.

Der Brenner steht auf einem Brennerfuß, in dem sich Stellschrauben zur Regulierung der Gas- und Luftzufuhr befinden. Das Gas strömt durch eine Düse in das Brennerrohr, wird mit Luft gemischt und am oberen Rohrende entzündet. ↑1 Durch Verstellen der Stellschraube für die Luftzufuhr können verschiedene Flammen eingestellt werden. Ist die Luftzufuhr geschlossen, bildet sich eine **leuchtende Flamme** mit einer

2 Leuchtende, nicht leuchtende und rauschende Flamme

Temperatur bis etwa 1 000 °C. Wird die Luftzufuhr wenig geöffnet, entfärbt sich die Flamme. Das Gas-Luft-Gemisch verbrennt mit **nicht leuchtender Flamme**. Hauptsächlich wird mit dieser Flamme gearbeitet. Wird die Luftzufuhr weit geöffnet, ist in der Flamme ein heller blauer Innenkegel erkennbar, und sie beginnt zu rauschen. In der **rauschenden Flamme** herrscht eine Temperatur bis zu 1500 °C.
Ist die Luftzufuhr zu groß oder die Gaszufuhr zu gering, kann die Flamme „zurückschlagen". Dabei brennt sie im Innern des Brennerrohres. Die Gaszufuhr muss dann sofort geschlossen werden.

Das **Bedienen des Brenners** erfolgt in einer bestimmten Reihenfolge:

Entzünden des Brenners

1. Setze vor dem Bedienen des Brenners die Schutzbrille auf.
2. Schließe die Luft- und Gaszufuhr.
3. Öffne den Gashahn am Tisch und dann am Brenner.
4. Entzünde das ausströmende Gas sofort an der Brennermündung.
5. Reguliere die Flammengröße.
6. Öffne die Luftzufuhr nach Bedarf.

Regulieren der Flamme

1. Reduziere die Luftzufuhr des Brenners.
2. Drossle die Gaszufuhr.

Löschen des Brenners

1. Schließe die Luft- und Gaszufuhr am Brenner.
2. Schließe den Gashahn am Tisch.
3. Stelle den Brenner erst nach dem Abkühlen weg.

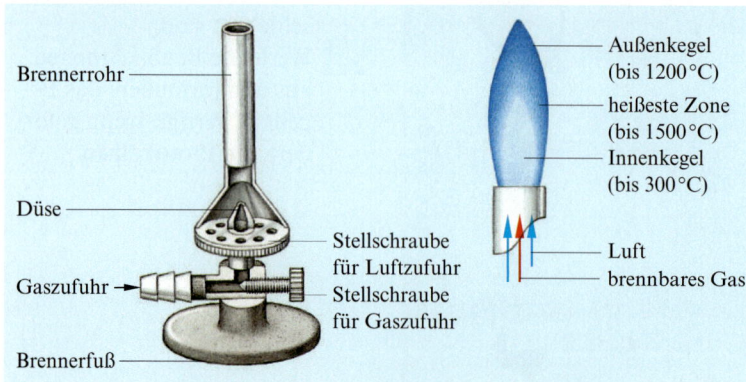

1 Teclubrenner und Temperaturen in der rauschenden Flamme

Methode

Lernen an Stationen und Expertenmethode

Im Chemieunterricht bietet es sich bei manchen Themen an, besondere Lernmethoden zur selbstständigen Lösung bestimmter Probleme oder Aufgaben anzuwenden. Zwei dieser Methoden sind das **Lernen an Stationen** und die **Expertenmethode**.

Lernen an Stationen

Beim Lernen an Stationen werden mehrere Arbeitsaufträge, die zu einem übergeordneten Thema gehören, von Schülergruppen an verschiedenen Stationen selbstständig bearbeitet.

1. Jede Schülergruppe bearbeitet die Aufgabe an ihrer Station.
2. Nach einer bestimmten Zeit wechseln die Gruppen die Station und erfüllen die Aufgabe an der folgenden. Am Ende haben alle Gruppen alle Stationen bearbeitet und sich das gesamte Thema selbstständig angeeignet.
3. An jeder Lernstation werden Übersichten, Protokolle oder Arbeitsblätter über die eigenen Arbeitsergebnisse angefertigt.
4. Die Arbeitsergebnisse können zum Schluss vorgestellt, diskutiert und untereinander beurteilt und eingeschätzt werden.

Vorteile Lernen an Stationen
Ihr könnt
→ im eigenen Tempo arbeiten,
→ die Reihenfolge der Stationen selbst wählen,
→ einen guten Überblick über das Thema gewinnen,
→ die Stationen teilweise mitgestalten, sodass eure eigenen Interessen berücksichtigt werden.

Expertenmethode

Bei der Expertenmethode wird jeder Schüler „Experte" und gibt sein erworbenes Wissen anschließend an andere weiter.

1. Es werden Stammgruppen gebildet, die parallel ein übergeordnetes Thema erarbeiten sollen.
2. Um die notwendigen Fachinformationen zu erhalten, entsendet jede Stammgruppe ihre Mitglieder in unterschiedliche Expertengruppen, in denen jeweils ein Teilthema gemeinsam erarbeitet wird.
3. Die Experten kehren in ihre Stammgruppen zurück und vermitteln den Gruppenmitgliedern das Wissen, das sie sich in den Expertengruppen erarbeitet haben.
4. Im Ergebnis der Arbeit hat jeder Schüler als Experte die anderen über sein Teilthema unterrichtet und wurde selbst von anderen Experten über deren Teilthemen informiert.

Vorteile Expertenmethode
Ihr könnt
→ selbst entscheiden, zu welchem Thema ihr Experte werden wollt,
→ eigene Ideen in die Arbeit einer Gruppe einbringen,
→ als Experte eure Mitschülerinnen und Mitschüler über euer Spezialgebiet informieren und sie selber unterrichten.

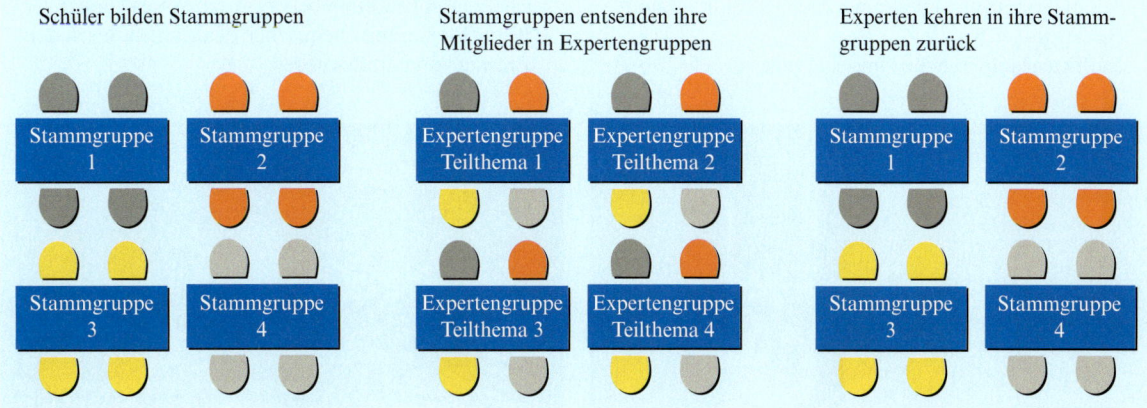

1 Schema zur Expertenmethode

Methode

Basiskonzepte für das Fachwissen in Chemie

Wie du bereits feststellen konntest, ist die Chemie aus unserem Leben nicht mehr wegzudenken, und sie stellt an uns ständig neue Fragen. Damit du mit der Vielfalt an fachlichem Wissen aus dem Chemieunterricht besser umgehen kannst, werden dir auf dieser Seite stark vereinfacht die Inhalte in Form von vier **Basiskonzepten** vorgestellt, um die es im Chemieunterricht immer wieder geht.
Mithilfe der Check-up-Seiten kannst du danach dein Fachwissen selbst überprüfen, weiter festigen und das Wesentliche aus den einzelnen Kapiteln leichter erkennen.

Stoff-Teilchen-Beziehungen

– Eigenschaften und Besonderheiten von Stoffen
– Modelle vom Aufbau der Stoffe
– Modelle vom Bau der Teilchen
– Zusammenhalt in Stoffen
– Vielfalt der Stoffe

Struktur-Eigenschafts-Beziehungen

– Ordnungsprinzipien für Stoffe
– Modelle zur Deutung von Stoffeigenschaften auf Teilchenebene
– aus den Eigenschaften der Stoffe auf ihre Verwendung schließen

Chemische Reaktion

– Umwandeln von Stoffen in andere
– chemische Zeichensprache
– Veränderung von Teilchen bei chemischen Reaktionen
– Reaktionsarten
– Stoffkreisläufe in Natur und Technik

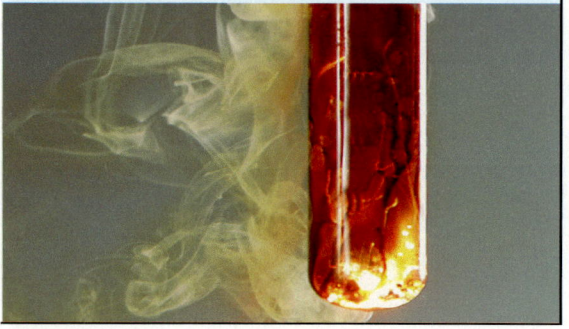

Energetische Betrachtung bei Stoffumwandlungen

– energetische Erscheinungen bei chemischen Reaktionen
– Energieumwandlung bei chemischen Reaktionen
– Beeinflussbarkeit chemischer Reaktionen durch den Einsatz von Katalysatoren

Stoffe und ihre Eigenschaften

Zucker „versüßt" unser Leben. Er ist mehr als nur eine wohlschmeckende Zugabe. Noch im 18. Jahrhundert wurde Zucker ausschließlich aus Zuckerrohr gewonnen. Deshalb war Zucker in Europa sehr teuer. 1747 entdeckte ANDREAS SIGISMUND MARGGRAF (1709 bis 1782), dass in der Runkelrübe der gleiche Zucker enthalten ist wie im Zuckerrohr. Mit der Zeit wurde aus dem Luxusgut Zucker ein Grundnahrungsmittel.

➡ Sind Kandiszucker, Puderzucker oder der Zuckerhut auch Zucker?
➡ Ist Zucker mehr als nur süß?
➡ Ist alles Zucker, was süß schmeckt? Wie kann man das unterscheiden?
➡ Zucker kann leicht mit Kochsalz verwechselt werden. Ist eine eindeutige Erkennung ohne zu kosten möglich?

Stoffe um uns

Auf einem Markt werden vielfältige Waren angeboten. Ein Besuch ist immer ein Erlebnis. Es gibt Marktstände mit Bekleidung, Blumen, duftenden Gewürzen, Süßigkeiten, aber auch mit Schmuck aus Gold, Silber, Kupfer und Messing.
Alle auf dem Markt angebotenen Waren bestehen aus Stoffen. Was sind Stoffe und wodurch unterscheiden sie sich?

1

Gegenstand	Stoff, aus dem der Gegenstand besteht
Tasse	Porzellan, Glas, Steingut
Zange	Stahl
Bleistifte	Holz, Graphit
Fußball	Leder, Gummi, Luft
Brille	Glas, Metall, Kunststoff
Buch	Pappe, Papier
Hammer	Holz, Metall, Gummi
Inline-Skates	Kunststoffe, Metall

Körper und Stoff Täglich kommst du mit vielen Gegenständen in Berührung. Du fährst Fahrrad oder Skateboard, lässt Drachen steigen und Modellflugzeuge fliegen, benutzt einen Computer, hörst Musik mit dem CD-Player und liest Bücher.
Die Physik bezeichnet alle Gegenstände, die dich umgeben, als **Körper**. Sie alle haben eine bestimmte Form oder Gestalt, ein Volumen und eine Masse. Auch du selbst hast einen Körper. Bei einigen Gegenständen gehört das Wort „Körper" direkt zum Namen, wie z. B. Heizkörper, Flugkörper, Fremdkörper und Sprengkörper.
In der Chemie interessiert man sich aber nicht so sehr für die Gegenstände oder Körper, sondern für die Materialien, aus denen diese bestehen. Fensterrahmen bestehen aus Holz oder Kunststoff, Nägel und Schrauben aus Stahl, ein Zeichenblock aus Papier. Die meisten Gegenstände bestehen aus mehreren Materialien: ein Skateboard aus Holz, Eisen und Kunststoff, der Drachen aus Holz und Papier.
In der Chemie werden die Materialien, aus denen die Gegenstände bestehen, als **Stoffe** bezeichnet. Aus dem Biologieunterricht kennst du schon die Nährstoffe wie Eiweiße und Fette sowie Mineralstoffe und Ballaststoffe. Weiterhin sind dir Baustoffe wie Ziegel und Zement sowie Kunststoffe und Farbstoffe bekannt. Textilien, manchmal auch kurz als „Stoffe" bezeichnet, können aus Leinen, Seide, Wolle oder Baumwolle bestehen.

2 Olympiamedaillen aus Gold, Silber und Bronze

Stoffe um uns

Gleichartige Gegenstände können aus verschiedenen Stoffen bestehen. Andererseits können unterschiedliche Gegenstände aus dem gleichen Stoff bestehen. Zucker, Kakaopulver, Kochsalz, Speiseessig, Haushaltsreiniger, Grillfolie, Nagellackentferner sind Beispiele für Stoffe, die uns im Alltag begegnen.

Stoffe, mit denen im Chemieunterricht experimentiert wird, heißen **Chemikalien**. Worauf beim Umgang mit diesen Stoffen zu achten ist, damit du deine Gesundheit nicht gefährdest oder die Umwelt nicht belastest, kannst du im Kapitel 1, Seite 10 f. nachlesen.

Bearbeiten von Stoffen Stoffe können in unterschiedliche Formen gebracht werden. Glas wird bei hoher Temperatur weich und lässt sich zu Flaschen, Gläsern oder Fensterscheiben formen.

3 Gleichartige Gegenstände aus verschiedenen Stoffen

Eisen, Kupfer oder Aluminium können zu Drähten, Blechen, Stangen und Rohren verarbeitet werden. Daraus stellt man Haushaltsgefäße, Maschinenbauteile oder andere Gegenstände her.

Beim Spritzgießen wird geschmolzener Kunststoff in eine gekühlte Stahlform gepresst. Nach dem Abkühlen wird die Form geöffnet und der gefertigte Gegenstand ausgeworfen. Auf diese Weise entstehen Schalen, Schüsseln oder Becherformen.

Bei Veränderungen ihrer Form verändern sich diese Stoffe, aus denen die Gegenstände bestehen, nicht.

Alle Gegenstände bestehen aus Stoffen.

Stoffe in der Natur In der belebten und unbelebten Natur gibt es viele unterschiedliche Stoffe. Einige von ihnen wie Wasser, Kalk oder Quarz kommen häufig vor. Andere Stoffe, z. B. Gold, Titan und Diamant, sind wesentlich seltener.

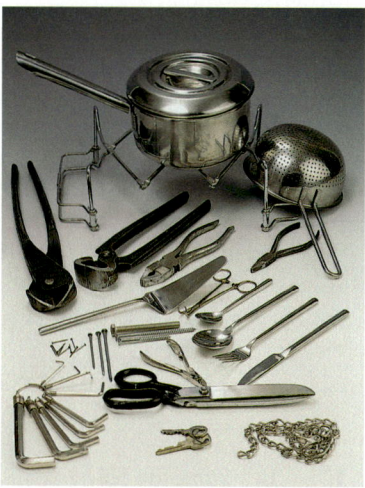

4 Verschiedene Gegenstände aus dem gleichen Stoff

Manche Stoffe aus der Natur werden von den Menschen direkt genutzt. Sand, Gesteine und Holz dienen als Baumaterial. Mit Gips werden Abdrucke und Modelle, z. B. vom Zahnarzt, gefertigt. Aus Ton lassen sich verschiedene Gefäße formen, die durch Brennen in speziellen Öfen hart werden.

Viele andere Stoffe, die in der Natur vorkommen, nennt man Rohstoffe. Sie werden verarbeitet, um daraus für den Menschen wichtige und notwendige Stoffe zu gewinnen. Aus Erdöl und Erdgas entstehen z. B. Kunststoffe, Farben, Medikamente, Klebstoffe und Benzin und aus Erzen Metalle.

Rohstoffe stehen aber nicht in unbegrenzter Menge zur Verfügung. Deshalb muss mit ihnen sparsam umgegangen werden.

Aufgaben

1 Ordne nach Gegenstand und Stoff: Säge, Becher, Silber, Glas, Schere, Erdgas, Ziegel, Eisen.
2 Schreibe fünf Stoffe auf, mit denen du morgens im Bad in Berührung kommst.
3 Gib Beispiele für gleichartige Gegenstände an, die aus verschiedenen Stoffen bestehen.
4 Stelle Stoffe zusammen, die bei der Herstellung einer Uhr und eines Autos verwendet werden.

Selbst untersucht Ermitteln von Eigenschaften

1 Erkunde Eigenschaften von Stoffen mit den Sinnesorganen.
Bestimme Farbe, Glanz, Form und Geruch verschiedener Stoffe, z. B. von Eisen, Speiseessig, Holzkohle, Kreide, Kupfer, Kochsalz, Zucker. Betrachte die festen Stoffe mit einer Lupe. Poliere die Oberfläche von Eisen und Kupfer.
Vergleiche die Stoffe. Stelle die Ergebnisse in einer Tabelle zusammen. Beschreibe das Aussehen der Stoffe. Zeichne, was du siehst.
Entsorgung: Stoffe getrennt einsammeln, werden wieder verwendet.

2 Prüfe mit einem Magneten.
Halte einen Magneten an verschiedene Stoffe, z. B. Holz, Papier, Glas, Eisen, Kupfer, Messing, Aluminium.
Notiere das Verhalten der Stoffe gegenüber dem Magneten. Fertige ein Protokoll an.
Entsorgung: Stoffe getrennt einsammeln, werden wieder verwendet.

3 Bestimme die Härte von Stoffen.
Versuche mit dem Fingernagel, mit einem Stück Aluminiumblech, mit einer Glasscherbe sowie mit einem Stahlnagel folgende Stoffe zu ritzen: Holz, Eisen, Gips, Kupfer, Wachs, Speckstein, Porzellan, Zink.

Vergleiche die Stoffe hinsichtlich ihrer Härte. Ordne die Stoffe nach ihrer Härte.
Entsorgung: Stoffe getrennt einsammeln, werden wieder verwendet.

4 Untersuche, ob feste Stoffe den elektrischen Strom leiten.
Baue die Versuchsapparatur nach der Experimentieranordnung auf. Prüfe Kupfer, Styropor, Kreide, Stahl, Holz, Graphit, Aluminium, Zink, Zinn nacheinander auf elektrische Leitfähigkeit.

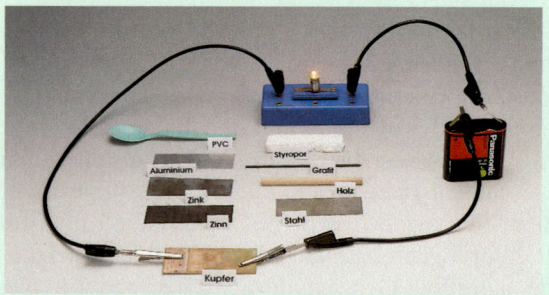

Gib in einer Tabelle an, welche Stoffe den elektrischen Strom leiten und welche nicht.
Entsorgung: Stoffe getrennt einsammeln, werden wieder verwendet.

5 Prüfe das Verhalten der Stoffe in Wasser.
Fülle sechs Reagenzgläser zu einem Viertel mit Wasser. Gib in je ein Reagenzglas mit dem Spatel bzw. mit einer Tropfpipette eine kleine Portion Kochsalz, Gips, Zucker, Holzkohle, Speiseöl, Brennspiritus (F). Verschließe die Reagenzgläser mit Stopfen und schüttle. Beobachte.

Notiere deine Beobachtungen. Deute das Ergebnis. Ordne die Stoffe. Verwende dabei die Begriffe „gut löslich", „schwer löslich" und „nahezu unlöslich".
Entsorgung: Ölreste und Brennspiritus in den Sammelbehälter für Abwasser, feste Stoffe in den Sammelbehälter für Hausmüll geben.

Protokollieren von Experimenten

Zum chemischen Experimentieren gehört auch die Anfertigung eines Versuchsprotokolls. Es dient dazu, alle Versuchsschritte zu dokumentieren. Nur so ist es möglich, das Experiment unter gleichen Bedingungen wiederholen und die ermittelten Ergebnisse überprüfen zu können.

1 Beschrifte das Versuchsprotokoll.

2 Formuliere die Aufgabenstellung.

3 Notiere die Geräte, Materialien und Chemikalien.

4 Fertige eine Skizze zum Versuchsaufbau an.

5 Gib Sicherheitsmaßnahmen an.
Dies ist nur dann erforderlich, wenn es sich bei den Chemikalien um Gefahrstoffe handelt oder wenn Verletzungsgefahren bestehen.

6 Beschreibe die Durchführung des Experiments.

7 Notiere deine Beobachtungen.
Notiere alle Auffälligkeiten und Messwerte.

8 Lege Entsorgungsmaßnahmen für die verwendeten Chemikalien fest.

9 Werte die Beobachtungen aus und formuliere das Ergebnis.
Vergleiche, deute, erkläre, leite Schlussfolgerungen entsprechend der Aufgabenstellung ab.

1 Schüler führen eine Leitfähigkeitsprüfung durch.

	Name:	Klasse:	Datum:
Aufgabe:	Untersuche die elektrische Leitfähigkeit von Tinte, Kochsalzlösung, Zuckerlösung, Essig, Tee, Fruchtsaft und destilliertem Wasser.		
Geräte:	Glühlampe (4,5 V) mit Fassung, Batterie (4,5 V) oder Stromversorgungsgerät, zwei Graphitstäbe, Verbindungskabel mit Krokodilklemmen, Bechergläser		
Chemikalien/ Materialien:	Tinte , Kochsalzlösung, Zuckerlösung, Essig, Tee, Fruchtsaft, destilliertes Wasser		
Versuchsaufbau:	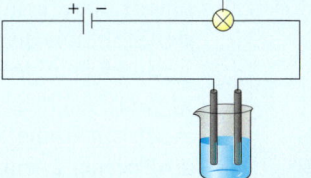		
Durchführung:	Die Messapparatur wird nach der Versuchsskizze aufgebaut. Die Flüssigkeiten werden nacheinander auf elektrische Leitfähigkeit geprüft.		
Beobachtung:	Stoff	Leuchtet die Glühlampe auf?	
	Tinte	nein	
	Kochsalzlösung	ja	
	Zuckerlösung	nein	
	Essig	ja	
	Tee	nein	
	Fruchtsaft	ja	
	destilliertes Wasser	nein	
Entsorgung:	Flüssigkeiten in den Sammelbehälter für Abwasser geben.		
Auswertung:	Kochsalzlösung, Essig und Fruchtsaft leiten den elektrischen Strom. Zuckerlösung, Tinte, Tee und destilliertes Wasser leiten den elektrischen Strom nicht.		

Eigenschaften von Stoffen erkennen

Die sinnvolle und richtige Nutzung eines Stoffes setzt die Kenntnis seiner Eigenschaften voraus.
Jeder Stoff besitzt bestimmte Eigenschaften. Wie lassen sich die Eigenschaften von Stoffen feststellen?

1

2 Schwefel

3 Kupfer

4 Bergkristall

Mit Sinnesorganen wahrnehmbare Eigenschaften Mit den Augen sind mehrere Eigenschaften wie die Farbe, der Glanz und die Kristallform der Stoffe erkennbar. ↑E.1 S.20
So ist z. B. die **Farbe** von Schwefel gelb und die von Kupfer rot. Holzkohle sieht schwarz und Eisen silbrig aus.
Neben ihrer Farbe haben manche Stoffe noch einen typischen **Glanz**, der häufig erst nach dem Polieren der Oberfläche erkennbar wird.
Einige Stoffe sind kristallin. Oft lässt sich die **Form der Kristalle** nur mit einer Lupe erkennen. Allein aus dem Aussehen eines Gegenstands kann der Stoff, aus dem der Gegenstand besteht, nicht ermittelt werden. Eine durchsichtige Scheibe kann aus Glas, aber auch aus Kunststoff (Plexiglas) bestehen.
Auch am **Klang** können Stoffe unterschieden werden. Stoßen Kunststoffbecher aneinander, so klingt das anders als bei Glasbechern.
Durch Betasten mit den Händen ist neben der Oberflächenbeschaffenheit feststellbar, dass sich manche Stoffe wärmer anfühlen als andere. Eisen fühlt sich kühler an als Holz. Eisen ist ein guter Wärmeleiter und leitet die Körperwärme der Hand schnell ab. Holz leitet dagegen die Wärme schlecht. Es fühlt sich eher warm an. Die **Wärmeleitfähigkeit** von Holz ist also geringer als die von Eisen.
Zahlreiche Stoffe wie Speiseessig, Knoblauch, Benzin und Parfüm besitzen einen typischen **Geruch**. Eine Geruchsprobe darf nur sehr vorsichtig vorgenommen werden, da manche Stoffe gesundheitsschädigend sind. Durch leichtes Zufächeln mit der Hand gelangen nur kleine Stoffportionen in die Nase. ↑2 S.13
Stoffe lassen sich auch am **Geschmack** unterscheiden. So schmeckt Zucker süß, Zitronensaft sauer, eine Salzgurke salzig und bestimmte Mandeln bitter. *Achtung!* Im Chemieunterricht dürfen Stoffe aus Sicherheitsgründen niemals gekostet werden!

Farbe, Glanz, Kristallform, Klang, Wärmeleitfähigkeit und Geruch sind Eigenschaften der Stoffe, die mit den Sinnesorganen wahrnehmbar sind.

Eigenschaften von Stoffen erkennen

5 Mehl

6 Backpulver

7 Gips

Ermitteln von Eigenschaften mit Hilfsmitteln Wie du sicher schon bemerkt hast, sehen manche Stoffe fast gleich aus, z. B. Zucker und Kochsalz oder Mehl, Backpulver und Gips. Die Sinnesorgane reichen also nicht immer aus, um einen Stoff eindeutig zu bestimmen. Zum Feststellen weiterer Eigenschaften werden Hilfsmittel und Messgeräte benötigt. An welchen Eigenschaften lassen sich Stoffe noch erkennen? Gegenstände werden, wenn sie aus Eisen, Nickel oder Cobalt bestehen oder diese Stoffe enthalten, vom Magneten angezogen (**Magnetismus**). ↑E.2 S.20

Durch Ritzen der Oberfläche können Stoffe auf ihre Härte untersucht werden. Speckstein, Ton und Wachs sind weiche Stoffe, die schon mit dem Fingernagel ritzbar sind. Stoffe, wie Glas und Werkzeugstahl, sind hart und nur durch härtere Stoffe als sie ritzbar. ↑E.3 S.20

Die **elektrische Leitfähigkeit** von Stoffen lässt sich mit einem Leitfähigkeitsprüfer oder nach Experiment 4, Seite 20 ermitteln. Zum Beispiel leiten Zink, Eisen, Graphit sowie viele andere Stoffe den elektrischen Strom. Glas, Porzellan und die meisten Kunststoffe leiten ihn nicht, sie isolieren. Aus diesem Grund werden Kunststoffe als Kabelumhüllung und als Gehäusematerial genutzt.

Wichtig ist auch die Prüfung der Stoffe auf ihre **Brennbarkeit**. Ist ein Stoff brennbar, so sind Angaben über die Farbe der Flamme, die Rußbildung oder über den auftretenden Geruch bedeutsam.

Eine weitere typische Eigenschaft vieler Stoffe ist ihre **Löslichkeit** in Wasser oder in anderen Flüssigkeiten. ↑E.5 S.20 In Drogerien gibt es eine Vielfalt an Badezusätzen. Diese Stoffe lösen sich alle gut in Wasser. Wird in ein Glas Tee ein Stück Zucker gegeben, so ist der Zucker bald nicht mehr zu sehen. Er ist aber noch vorhanden, denn der Tee schmeckt süß. Der Zucker hat sich gelöst. Es ist eine Lösung entstanden. In diesem Beispiel ist der Zucker der zu lösende Stoff und das Wasser des Tees das Lösemittel. Fett oder Speiseöl sind dagegen in Wasser nahezu unlöslich.

EXPERIMENT 6 [L]
Brennbarkeit von Stoffen.
Vorsicht! Feuerfeste Unterlage!
Brennspiritus (F) und Petroleumbenzin (F) werden auf ihre Brennbarkeit untersucht.

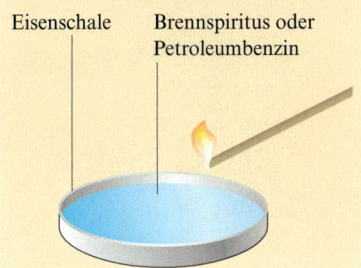

Aufgaben

1 Warum dürfen im Chemieunterricht keine Geschmacksproben durchgeführt werden?

2 Die Griffe von Pfannen bestehen häufig aus anderen Stoffen als die Pfanne selbst. Nenne Stoffe, aus denen Pfannen und Griffe bestehen können. Begründe.

3 Vergleiche die Eigenschaften von Puderzucker, Mehl und Gips. Nenne Unterscheidungsmöglichkeiten.

4 Werden Öl und Wasser zusammengegossen, dann sammelt sich das Öl nach einiger Zeit auf dem Wasser. Deute diese Beobachtung.

Methode

Bearbeiten eines Projekts

In den Naturwissenschaften gibt es viele spannende Themen, die als Projekt bearbeitet werden können. Die Seiten „Selbst erforscht" bieten euch Anregungen und Materialien zu solchen Themen.
Bei der Bearbeitung eines Themas in Form eines Projekts geht es darum, dass ihr das Thema weitgehend selbstständig bearbeitet. Auf dieser Seite erfahrt ihr, wie ihr bei der Arbeit am Projekt am besten vorgeht.

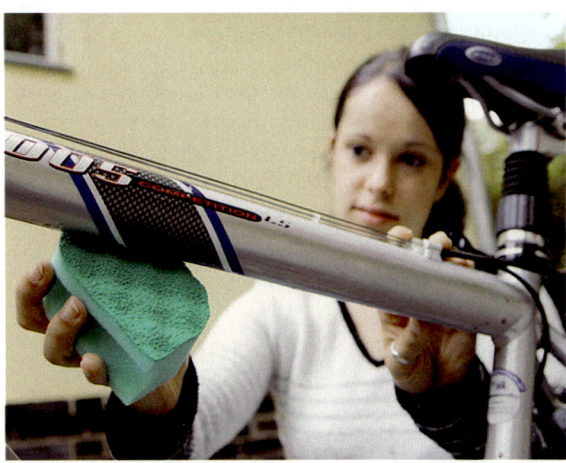

Lena putzt ihr Fahrrad. Dazu benutzt sie einen Scheuerschwamm. Nach dem Trocknen stellt sie entsetzt Kratzer im Lack fest. Was hat Lena nicht beachtet? Hätte sie den Schaden vermeiden können?

Härteskala nach Mohs

Härte-grad	Testmineral	Einfacher Test
1	Talk	
2	Gips	Fingernagel ritzt bis Härte 2.
3	Kalkspat (Calcit)	Kupfermünze ritzt bis Härte 3.
4	Flussspat (Fluorit)	
5	Apatit	Spitze eines Taschenmesser ritzt bis Härte 6.
6	Feldspat (Orthoklas)	Mineralien ab Härte 6 ritzen Fensterglas.
7	Quarz	
8	Topas	Ab Härte 8 wird Glas geschnitten.
9	Korund	
10	Diamant	

1 *Findet und formuliert ein geeignetes Problem.*
Sammelt eure Ideen, diskutiert darüber. Entscheidet zusammen mit eurem Lehrer oder eurer Lehrerin, welches Problem ihr bearbeiten wollt.
Problem: Sind die im Handel angebotenen Putzmaterialien für jeden Reinigungszweck geeignet?

2 *Stellt einen Arbeitsplan auf.*
Sammelt Fragen und leitet daraus ab, was ihr untersuchen wollt. Bildet Arbeitsgruppen. Überlegt, welche Materialien, Medien genutzt und welche Methoden angewendet werden sollen. Entwerft einen Zeitplan.
Mögliche Fragen: Was sind harte bzw. weiche Stoffe? Wie lässt sich die Härte eines Stoffes experimentell bestimmen? Was ist beim Reinigen von Brillengläsern bzw. beim Umgang mit Fotolinsen zu beachten? Welche Härte hat Widia?

3 *Arbeitet nach dem Plan.*
Jede Arbeitsgruppe bearbeitet den ausgewählten Themenbereich. Führt Experimente durch, fragt Experten, nutzt verschiedene Quellen, z. B. Bücher, das Internet sowie die Informationen im Lehrbuch.

4 *Präsentiert die Ergebnisse.*
Stellt die Ergebnisse eurer Klasse vor. Achtet darauf, dass die Darstellung in logischer Form erfolgt, damit eure Mitschülerinnen und Mitschüler die gewonnenen Ergebnisse und Erkenntnisse verstehen.
Überlegt, wie ihr eure Ergebnisse in der Öffentlichkeit präsentieren möchtet.
Mögliche Beispiele für eine Projektpräsentation: Poster für den Fachraum, Power-Point-Präsentation, Vorträge, Internetseite, Zeitungsartikel.

Info

Härte Die Ritzhärte eines Stoffes wird nach der von FRIEDRICH MOHS (1773 bis 1839) aufgestellten Härteskala geprüft. Für jeden Härtegrad ist im MOHS-Kasten ein Mineral vorhanden. Es wird geprüft, welches Mineral eine vorgegebene Probe ritzt und welches von der Probe geritzt wird.

Selbst untersucht Messen von Eigenschaften

7 Bestimme die Siedetemperatur von Brennspiritus.

Vorsicht! Schutzbrille! Erhitze Wasser im Becherglas auf etwa 95 °C. Lösche die Flamme des Brenners. Fülle ein Reagenzglas mit Seitenrohr zu einem Drittel mit Brennspiritus (F). Verschließe das Reagenzglas. Halte das Reagenzglas in das heiße Wasser. Lies alle 20 s die Temperatur ab, bis merklich weniger Brennspiritus im Reagenzglas ist.
Fertige ein Protokoll an. Beschreibe deine Beobachtungen. Zeichne ein Temperatur-Zeit-Diagramm. Deute das Ergebnis. Vergleiche es mit dem Tabellenwert.
Entsorgung: Brennspiritusreste in den Sammelbehälter III geben.

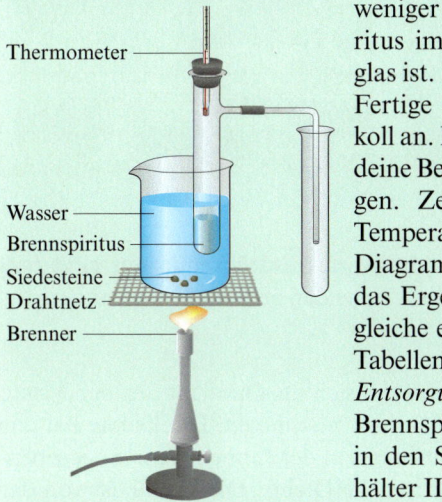

8 Bestimme die Dichte von Eisen.
Wiege einige Eisenschrauben und notiere ihre Masse. Fülle einen Messzylinder mit genau 50 ml Wasser. Gib die abgewogenen Eisenschrauben vorsichtig in den Messzylinder. Notiere den Wasserstand.
Fertige ein Protokoll an. Ermittle das Volumen der Stoffportion Eisen. Berechne die Dichte von Eisen und vergleiche das Ergebnis mit dem Tabellenwert. ↑S. 26
Nenne mögliche Fehlerquellen.
Entsorgung: Eisenschrauben einsammeln, werden wieder verwendet.

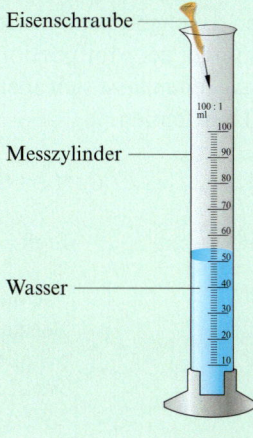

9 Bestimme die Schmelztemperatur von Kerzenwachs.
Vorsicht! Schutzbrille! Baue die Versuchsapparatur auf. Erhitze das Wasser im Becherglas, bis das Kerzenwachs im Reagenzglas geschmolzen ist. Lies dabei alle 30 s die Temperatur ab und schreibe sie auf. Nimm danach das Reagenzglas aus dem Wasser, lasse es abkühlen und notiere dabei wieder alle 30 s die Temperatur.

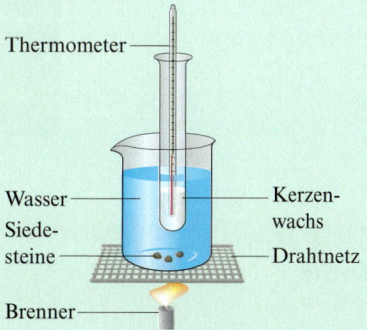

Fertige ein Protokoll an. Zeichne ein Temperatur-Zeit-Diagramm. Wähle auf der x-Achse für eine Zeit von je 30 s einen Abstand von 1 cm. Deute das Ergebnis. Vergleiche es mit dem Tabellenwert.
Entsorgung: Kerzenwachs in den Sammelbehälter für Hausmüll geben.

10 Bestimme die Dichte von Brennspiritus.

Wiege einen leeren Messkolben und notiere seine Masse. Fülle den Messkolben vorsichtig bis zur Eichmarke mit Brennspiritus (F). Wiege den Kolben erneut und notiere seine Masse.
Ermittle die Masse der Brennspiritusportion aus den beiden Wägungen. Berechne die Dichte von Brennspiritus.
Fülle 50 ml Brennspiritus (F) in einen Messzylinder. Tauche in die Flüssigkeit eine Senkspindel. Lies an der Flüssigkeitsoberfläche mithilfe der Skala die Dichte ab.
Vergleiche mit Tabellenwerten für Alkohol. Diskutiere Abweichungen.
Entsorgung: Brennspiritus in den Sammelbehälter III geben.

Messbare Eigenschaften

Gewichtheben – einmal anders. Der Mann auf dem Foto muss sich sichtlich mehr anstrengen als das Mädchen.
Warum ist das so? Hat das etwas mit den Eigenschaften der Stoffe zu tun?

1

Eigenschaften, die sich durch Messwerte ausdrücken lassen, sind zum genauen Erkennen und zum Unterscheiden von Stoffen besonders geeignet. Welche Eigenschaften sind das?

Dichte Die Dichte von Stoffen lässt sich als Quotient aus der Masse und dem Volumen einer Stoffportion bestimmen. Die Dichte hat das Formelzeichen ϱ (rho) und wird meist in der Einheit g/cm^3 angegeben. Jeder Stoff hat seine charakteristische Dichte. Die Dichte ist von der Temperatur und dem Druck abhängig. Da sich fast alle Stoffe bei einer Temperaturerhöhung ausdehnen, vergrößert sich dabei das Volumen. Die Masse bleibt aber konstant. Dadurch verringert sich die Dichte beim Erwärmen. Gase können leicht zusammengedrückt werden. Das Volumen wird verringert, die Dichte vergrößert sich.

Um die Dichte von Stoffen miteinander vergleichen zu können, wird die Dichte von festen und flüssigen Stoffen meist bei einer Temperatur von 25 °C und einem Druck von 1013 hPa sowie für Gase bei Normbedingungen (0 °C und 1013 hPa) angegeben. Experimentell hast du bereits Dichtebestimmungen durchgeführt. ↑E.8,10 S.25 Dazu mussten jeweils die Massen und Volumina der Stoffportionen ermittelt werden.

Die Dichte von Flüssigkeiten lässt sich aber auch direkt mit einer Senkspindel (Aräometer) bestimmen.

Definitionsgleichung für die Dichte

$$\varrho = \frac{m}{V}$$

- ϱ Dichte
- m Masse einer Stoffportion
- V Volumen einer Stoffportion

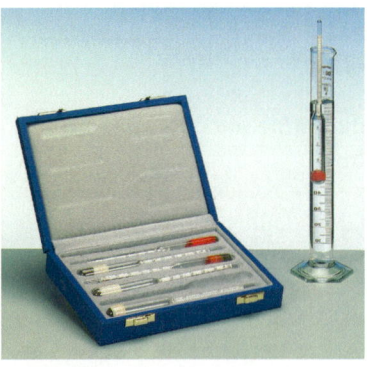

2 Dichtebestimmung mit einem Aräometer

Dichte verschiedener Stoffe bei 25 °C (* bei 0 °C) und 1013 hPa			
Stoff	Dichte in g/cm^3	Stoff	Dichte in g/cm^3
Aluminium	2,70	Alkohol	0,79
Diamant	3,51	Benzin	etwa 0,7
Eisen	7,86	Schmieröl	0,9
Gold	19,32	Wasser	1,00
Schaumstoff	0,015	Luft	0,001 29*
Kork	0,25	Sauerstoff	0,001 43*

Messbare Eigenschaften

Schmelztemperatur Die Temperatur, bei der ein fester Stoff nach Zufuhr von Wärme flüssig wird, heißt **Schmelztemperatur**. So schmilzt Eis bekanntlich bei 0 °C. Die Schmelztemperatur von Kerzenwachs hast du experimentell ermittelt. ↑E.9 S.25 Dabei konntest du beobachten, dass während des Schmelzvorgangs die Temperatur unverändert bleibt. Erst wenn das Wachs vollständig geschmolzen ist, steigt die Temperatur weiter an.

Die Temperatur, bei der ein flüssiger Stoff wieder in den festen Zustand übergeht, wird als **Erstarrungstemperatur** bezeichnet. Schmelz- und Erstarrungstemperatur eines Stoffes stimmen überein.

3 Bleigießen

4 Kochen von Wasser

Schmelz- und Siedetemperaturen einiger Stoffe bei Normdruck in °C		
Stoff	Schmelz-temperatur	Siede-temperatur
Aluminium	660	2450
Brennspiritus	−114	78
Eisen	1540	3000
Kochsalz	800	1465
Magnesium	650	1110
Quecksilber	−39	357
Sauerstoff	−219	−183
Schwefel	119	445
Silber	961	2212
Stearinsäure (Kerzenwachs)	69	291
Traubenzucker	146	Zersetzung ab 200
Wasser	0	100

Siedetemperatur Wird einem flüssigen Stoff Wärme zugeführt, so erhöht sich seine Temperatur so lange, bis sich im Innern der Flüssigkeit Gasblasen bilden, die nach oben steigen. Die Flüssigkeit siedet. Die dazu erforderliche Temperatur heißt Siedetemperatur. Während des Siedens ändert sich die Temperatur der Flüssigkeit nicht. ↑E.7 S.25

Schmelz- und Siedetemperatur sind für die meisten Stoffe charakteristisch (↑Tabelle). Sie hängen vom Luftdruck ab. Um diese Temperaturen verschiedener Stoffe vergleichen zu können, werden sie in Tabellen bei einheitlichem Druck (Normdruck $p_n = 1013\,hPa$) angegeben.

Einige Stoffe haben bei Normdruck keine Schmelz- oder Siedetemperatur, da sie sich beim Erwärmen zersetzen.

Dichte, Schmelztemperatur und Siedetemperatur sind messbare Eigenschaften, an denen die Stoffe erkannt werden können.

Aufgaben

1 Wasser siedet z. B. im Schnellkochtopf erst bei 120 °C. Warum ist das so? Welche Auswirkungen hat das auf das Garen von Lebensmitteln?
2 Du erhältst die Aufgabe, Eisen zu schmelzen. Begründe, warum du dafür keinen Kupfertiegel verwenden kannst.
3 Welches Volumen hat 1 kg Luft?
4 Kork schwimmt auf dem Wasser, Eisen geht unter. Begründe.
5 Die Erstarrungstemperatur eines Stoffes entspricht seiner Schmelztemperatur. Erläutere diese Feststellung. Nenne Beispiele.
6 Warum ist Aluminium besonders für den Flugzeugbau geeignet?

Steckbriefe von Stoffen

Das Foto zeigt Stoffportionen von weißer Tafelkreide, Kalk und Gips. Was ist welcher Stoff? Wie können diese Stoffe eindeutig voneinander unterschieden werden?

1

Stoffe identifizieren Nicht nur bei der Polizei müssen Gegenstände oder Personen beschrieben werden. Auch in der Chemie werden genaue Angaben über Stoffe benötigt, um diese verwechslungsfrei erkennen zu können. Für die eindeutige Beschreibung eines Stoffes sind mehrere seiner typischen Eigenschaften anzugeben, die unabhängig von Form und Größe der Stoffportion sind. Jeder Stoff hat eine ihn kennzeichnende **Eigenschaftskombination**, die sich zu einem Steckbrief zusammenfassen lässt. Mithilfe eines Steckbriefs kann ein Stoff erkannt und von anderen Stoffen unterschieden werden.
Wie viele und welche Eigenschaften ermittelt werden müssen, um einen Stoff identifizieren zu können, ist von Fall zu Fall verschieden. In der Chemie werden heute sehr aufwendige Techniken mit präzise arbeitenden Geräten und Apparaturen genutzt, um unbekannte Stoffe durch ihre Eigenschaften eindeutig zu charakterisieren.

Jeder Stoff besitzt eine für ihn typische Eigenschaftskombination. Das Erkennen von Stoffen erfolgt durch den Vergleich von Eigenschaften.

Steckbrieflich gesucht Ständig werden neue Stoffe entdeckt oder künstlich hergestellt. Sie alle müssen benannt werden. Hier sind drei Steckbriefe von Stoffen. Um welche Stoffe könnte es sich dabei handeln?

Steckbrief Eisen

Farbe: silbergrau
Glanz: mattglänzend
Zustandsform bei Zimmertemperatur: fest
Wärmeleitfähigkeit: gut
Elektrische Leitfähigkeit: gut
Magnetisches Verhalten: wird vom Magneten angezogen
Löslichkeit in Wasser: unlöslich

Steckbrief 1

Farbe: farblos bis milchig trüb
Geruch: keiner
Zustandsform bei Zimmertemperatur: fest, körnig
Löslichkeit in Wasser: nicht löslich
Elektrische Leitfähigkeit: keine
Dichte: 2,65 g/cm^3
Schmelztemperatur: 1470 °C
Siedetemperatur: 2590 °C

Steckbrief 2

Farbe: weiß
Geruch: keiner
Zustandsform bei Zimmertemperatur: fest, kristallin
Löslichkeit in Wasser: gut löslich
Elektrische Leitfähigkeit: nicht leitfähig
Dichte: 2,16 g/cm^3
Schmelztemperatur: 800 °C
Siedetemperatur: 1465 °C

Steckbrief 3

Farbe: grau
Geruch: keiner
Zustandsform bei Zimmertemperatur: fest
Oberfläche: mattglänzend
Härte: leicht ritzbar
Elektrische Leitfähigkeit: leitfähig
Dichte: 11,34 g/cm^3
Schmelztemperatur: 327 °C
Siedetemperatur: 1740 °C

Stoffe bei unterschiedlichen Temperaturen

Selbst untersucht Stoffe bei unterschiedlichen Temperaturen

11 Untersuche das Verhalten von Stoffen beim Erhitzen.
Vorsicht! Schutzbrille! Halte nacheinander über einer feuerfesten Unterlage ein Magnesiastäbchen und eine Porzellanscherbe mit einer Tiegelzange in die Brennerflamme.

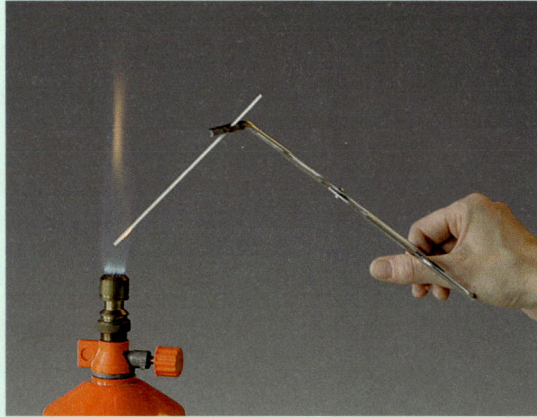

Halte danach ein Glasrohr in die Brennerflamme. Erhitze es möglichst stark.
Gib jeweils eine Probe von Gips, Mehl und Kochsalz in ein Reagenzglas. Erhitze erst vorsichtig, dann kräftig.

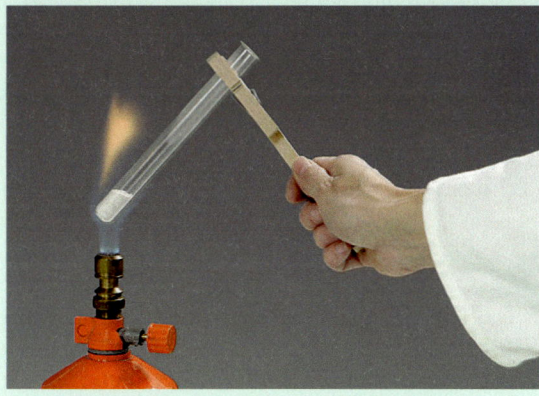

Beschreibe deine Beobachtungen. Ordne die Stoffe nach bleibenden oder vorübergehenden Veränderungen beim Erhitzen.
Entsorgung: Porzellanscherbe und Magnesiastäbchen getrennt einsammeln, werden wieder verwendet; übrige Stoffe nach dem Abkühlen in den Sammelbehälter für Hausmüll geben.

12 Ermittle den Temperaturverlauf beim Erhitzen von Wasser.
Vorsicht! Schutzbrille! Spritzgefahr! Erhitze etwa 250 ml Wasser mit einem Brenner. Notiere die Temperatur jeweils nach einer Minute. Setze deine Beobachtungen auch noch etwa drei Minuten nach Eintreten des Siedens fort.

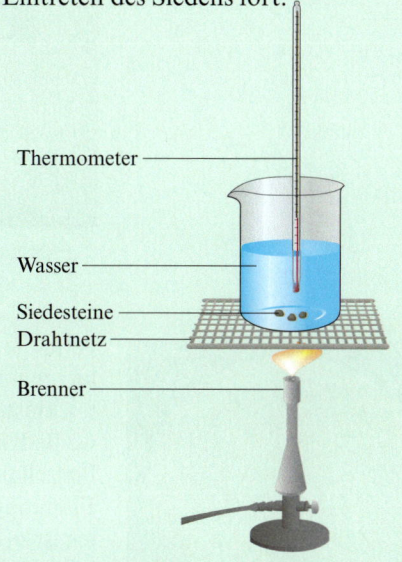

Fertige ein Protokoll an. Beschreibe deine Beobachtungen. Zeichne ein Temperatur-Zeit-Diagramm.
Entsorgung: Reste des Wassers in den Sammelbehälter für Abwasser geben.

13 Untersuche Aggregatzustandsänderungen von Kerzenwachs.
Vorsicht! Schutzbrille! Gib in ein Reagenzglas etwas Kerzenwachs und erhitze es mit kleiner Flamme, bis sich der Aggregatzustand geändert hat. Gieße es dann zum Abkühlen vorsichtig in eine mit kaltem Wasser gefüllte Abdampfschale.
Beschreibe deine Beobachtungen. Erläutere die Begriffe „Schmelzen" und „Erstarren".
Entsorgung: Kerzenreste in den Sammelbehälter für Hausmüll geben.

Aggregatzustände von Stoffen

Wie Blei wird auch Eisen bei hoher Temperatur flüssig und kann in eine Form gegossen werden.
Geht das mit allen Stoffen?

1 Flüssiges Eisen wird in Formen gegossen.

2 Erhitzen eines Kunststoffgefäßes

Veränderungen der Stoffe beim Erhitzen Stoffe verhalten sich beim Erhitzen unterschiedlich. ↑E.11 S.29 So zerspringen Kochsalzkristalle unter knisterndem Geräusch. Nach dem Erhitzen liegt immer noch das weiße Kochsalz vor.
Porzellan beginnt bei höheren Temperaturen zu glühen. Sobald die Flamme entfernt wird, hört das Glühen schnell auf. Nach dem Abkühlen ist zu erkennen, dass sich das Porzellan nicht verändert hat. Glas verhält sich anders. Zunächst glüht es. Bei sehr hoher Temperatur wird das Glas weich und verformbar. Nach dem Abkühlen liegt wieder festes Glas vor. Wie bei Blei und Eisen hat sich jedoch seine Form verändert. Wird versehentlich ein Kunststoffgefäß auf eine heiße Herdplatte gestellt, kann der Kunststoff durch die Hitze verformt werden. Er kann sich sogar bei hoher Temperatur zersetzen. Solche Veränderungen sind nicht mehr rückgängig zu machen.

Stoffe können beim Erhitzen ihre Eigenschaften vorübergehend oder bleibend verändern.

Zustandsformen des Wassers Wie du bereits weißt, tritt Wasser in drei Zustandsformen auf: **fest** (Eis), **flüssig** (Wasser) und **gasförmig** (Wasserdampf). ↑3 Diese Zustandsformen werden als **Aggregatzustände** bezeichnet. In welchem Aggregatzustand ein Stoff vorliegt, hängt von Bedingungen wie der Temperatur und dem Druck ab.
Wird Wasser bis zur Siedetemperatur erhitzt, verdampft es. Es bildet sich Wasserdampf (gasförmiges Wasser). Dabei findet ein Übergang vom flüssigen zum gasförmigen Aggregatzustand des Wassers statt. ↑E.12 S.29
Wasser kann aber auch unterhalb der Siedetemperatur vom flüssigen in den gasförmigen Aggregatzustand übergehen, z.B. Regenwasser auf der Straße. Dieses Wasser verdunstet. Wird Wasserdampf abgekühlt, kondensiert er zu Wasser. Bei weiterer Abkühlung erstarrt es zu Eis.

Aggregatzustände von Stoffen

3 Zustandsformen des Wassers

Aggregatzustandsänderungen Wird Kerzenwachs erhitzt, schmilzt es. Es geht dabei vom festen in den flüssigen Aggregatzustand über. Beim Abkühlen geht das Kerzenwachs vom flüssigen in den festen Aggregatzustand über. Es erstarrt. ↑E.13 S.29
Wird festes Iod erhitzt, entsteht sofort violetter Ioddampf. Iod geht beim Erhitzen unter Umgehung des flüssigen Aggregatzustandes direkt in den gasförmigen Aggregatzustand über. Dieser Vorgang wird als **Sublimation** bezeichnet. Beim Abkühlen geht Ioddampf direkt vom gasförmigen in den festen Aggregatzustand über. Dieser Vorgang heißt **Resublimation**. Auch beim Wasser kannst du diesen Vorgang beobachten. An kalten Tagen bilden sich oft Eisblumen an Glasscheiben. Sie entstehen dadurch, dass der in der Luft enthaltene Wasserdampf direkt zu Eis wird.

4 Raureif an Zweigen

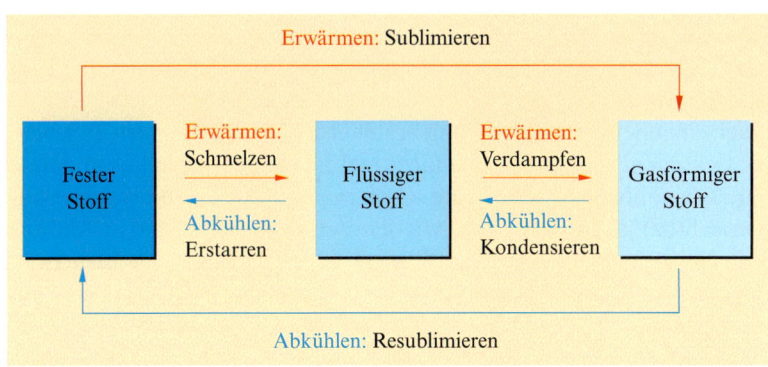

EXPERIMENT 14 [L]
Zustandsänderung von Iod.
Vorsicht! Abzug! Dämpfe nicht einatmen! Einige Iodkristalle (Xn) werden im Becherglas mit einer Uhrglasschale abgedeckt und im Wasserbad erwärmt.
Auf das Uhrglas wird kaltes Wasser getropft.

5 Aggregatzustände und Aggregatzustandsänderungen

Aufgaben

1 Bei welchen Vorgängen treten vorübergehende Veränderungen der Eigenschaften auf: Joghurtbecher verkohlt, Stahldraht dehnt sich aus, Plexiglasstab erhitzen, Eisen in Formen gießen?
2 Raureif entsteht durch Resublimation. Erkläre.
3 Nenne Beispiele aus dem Alltag, bei denen Aggregatzustandsänderungen genutzt werden.
4 Wodurch unterscheiden sich Wasserdampf und Nebel?
5 Warum kann Wachs mit einem Bügeleisen und einem Löschblatt aus dem Gewebe entfernt werden?

Bau der Stoffe aus Teilchen

Zucker gibt es in sehr unterschiedlichen Formen zu kaufen, z. B. als Kandiszucker, als groben oder feinen Kristallzucker und als Puderzucker.
Was geschieht, wenn Zucker immer weiter zerteilt wird?
Wie oft lässt sich eine Zuckerportion zerteilen?

1

2 Zuckerkristalle unter einem Mikroskop

3 Versuchsanordnung zu Experiment 15

Teilbarkeit von Stoffen Eine Glasscheibe oder ein Blatt Papier können mit einem Wasserzerstäuber angefeuchtet werden. Dabei wird Wasser in ganz feine Tröpfchen zerteilt. Nach kurzer Zeit ist das zerstäubte Wasser nicht mehr zu sehen.
Puderzucker ist ganz fein zerteilter Zucker. Mithilfe einer Lupe oder eines Mikroskops lassen sich Zuckerkristalle erkennen. Beim Lösen feinster Zuckerkristalle in Wasser wird Zucker noch weiter zerteilt. Selbst mit dem Mikroskop ist der Zucker nicht mehr zu sehen. Zucker ist aber noch vorhanden und am süßen Geschmack der Zuckerlösung zu erkennen.
Die Frage, ob sich eine Stoffportion endlos teilen lässt, beschäftigt die Wissenschaftler schon viele Jahrhunderte. Sie ist durch Beobachtungen allein nicht zu beantworten. Wir nehmen deshalb eine Vorstellung vom Bau der Stoffe zu Hilfe.
Nach einer heutigen Vorstellung bestehen Stoffe aus kleinsten Teilchen, die sich mit einfachen Mitteln nicht mehr weiter zerteilen lassen. Diese Teilchen können teilweise heute schon mit Spezialelektronenmikroskopen sichtbar gemacht werden. Mit dem Auge erkennbar sind nur die aus Teilchen gebildeten, größeren Stoffportionen, z. B. ein Zuckerkristall oder ein Wassertropfen.

Die Vorstellung vom Bau der Stoffe besagt: Stoffe bestehen aus kleinsten, unteilbaren Teilchen.

Selbst untersucht

15 Beobachte die Ausbreitung eines Farbstoffs.
Beschwere einen Beutel Malventee mit Büroklammern. Fülle ein Becherglas mit warmem Wasser und hänge den Teebeutel hinein.
Beschreibe deine Beobachtungen. Deute die Ausbreitung des Farbstoffs.
Entsorgung: Teebeutel in den Sammelbehälter für Hausmüll, Flüssigkeit in den Sammelbehälter für Abwasser geben.

Bau der Stoffe aus Teilchen

Das Teilchenmodell Zur Veranschaulichung der Vorstellung vom Bau der Stoffe aus kleinsten Teilchen wurden **Modelle** entwickelt. Modelle helfen, Erscheinungen und Vorgänge zu beschreiben und zu deuten. Sie tragen dazu bei, Wesentliches zu erkennen, geben aber die Wirklichkeit nie vollständig wieder.

Das Modell der kleinsten Teilchen unterscheidet sich von anderen Modellen. So sind Modelle für Autos, Flugzeuge, Schiffe oder auch biologische Modelle möglichst genaue Nachbildungen eines sichtbaren Vorbildes. Die kleinsten Teilchen sind jedoch ohne Hilfsmittel nicht sichtbar. Ihre Existenz kann deshalb nur aus den Eigenschaften der Stoffe abgeleitet werden. Dieses Modell ist daher eine Denkhilfe. Es ist ein Gedankenmodell über den möglichen Bau der Stoffe.

Beim Teilchenmodell stellt man sich vor, dass die Teilchen der Stoffe kleinen Kugeln sehr ähnlich sind. Teilchen ein und desselben Stoffes sind einander gleich. So besteht Zucker aus Zuckerteilchen, die alle die gleiche Masse und Größe haben. Zwischen den Teilchen stellt man sich leeren Raum vor.

Teilchenbewegung Es wird angenommen, dass sich die Teilchen in ständiger, ungeordneter Bewegung befinden. Dabei stoßen sie sehr oft aneinander. Die dadurch verursachte Bewegung kleinster Partikel in Gasen und Flüssigkeiten heißt nach ihrem Entdecker BROWN'sche Bewegung. So verteilen sich z. B. die Farbstoffe des Tees in der gesamten Flüssigkeit ohne äußere Beeinflussung. ↑E.15 S.32 Auch der Duft eines Parfüms breitet sich in einem Raum recht schnell aus. Hier liegt jedoch die Vermutung nahe, dass Luftströmungen die Geruchsstoffe im Raum verteilen. Es breiten sich aber auch Bromdämpfe in einem geschlossenen Standzylinder ohne Luftströmung vom Boden her nach oben aus. Dies geschieht sogar, obwohl Bromdampf eine größere Dichte als Luft hat. ↑5 Wie ist diese Erscheinung zu deuten?

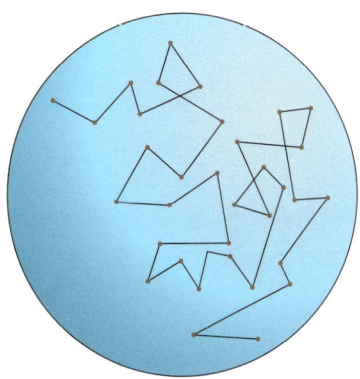

4 Unter dem Mikroskop sichtbare, regellose Bewegung (BROWN'sche Bewegung) eines Pollenkorns aufgrund der Stöße der nicht sichtbaren Wasserteilchen

Der Vorgang, bei dem sich verschiedene Stoffe ohne äußere Einwirkung durchmischen, wird als **Diffusion** (lat. diffundere – ausgießen, ausbreiten) bezeichnet. Die Diffusion lässt sich ebenfalls mithilfe des Teilchenmodells erklären: Die Bromteilchen und die Teilchen der Luft bewegen sich ständig hin und her. Sie stoßen dabei häufig zusammen. Entgegen der Schwerkraft bewegen sich die Bromteilchen auch nach oben in die Räume zwischen den Teilchen der Luft. Umgekehrt bewegen sich die Teilchen der Luft auch nach unten in die Räume zwischen den Bromteilchen. Allmählich vermischen sich so die Teilchen der Stoffe.

Diffusion ist das selbstständige Durchmischen zweier Stoffe. Diese Durchmischung erfolgt durch die ständige regellose Bewegung der Teilchen der Stoffe.

5 Diffusion von Bromdampf in Luft

Teilchenmodell und Aggregatzustände In **festen Stoffen** denkt man sich die Teilchen dicht nebeneinander und regelmäßig angeordnet. Sie können sich nur wenig bewegen und führen nur kleinere Schwingungen an ihren Plätzen aus.

1 Stoffportionen von Milch

Die Teilchen lassen sich nur schwer voneinander trennen und gegeneinander verschieben. Im festen Aggregatzustand hat deshalb eine Stoffportion eine bestimmte Form, die man auch mit großer Anstrengung kaum verändern kann. In **flüssigen Stoffen** stellt man sich die Teilchen nicht so regelmäßig angeordnet vor. Sie bewegen sich hin und her und sind leicht gegeneinander verschiebbar. Der Abstand zwischen den Teilchen ist dennoch sehr gering. Im flüssigen Aggregatzustand kann sich deshalb die Stoffportion jeder Gefäßform anpassen. Sie nimmt immer die Form des Gefäßes an, in dem sie sich befindet. Beispielsweise kann Milch die Form des Glases oder auch die Form der Kanne annehmen. ↑1

In **gasförmigen Stoffen** sind die Abstände zwischen den Teilchen verhältnismäßig groß. Die Teilchen bewegen sich frei und ungeordnet. Eine Stoffportion im gasförmigen Aggregatzustand kann daher leicht zusammengedrückt werden. Gase, z. B. Luft im Fahrradschlauch, füllen ein Gefäß beliebiger Form vollständig aus.

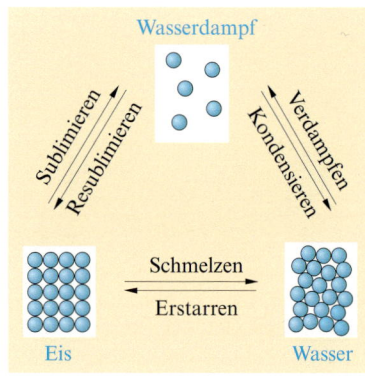

2 Teilchenmodell für die Aggregatzustandsänderungen des Wassers

Teilchenbewegung und Aggregatzustandsänderung Man stellt sich vor, dass beim Erwärmen von Stoffen die Bewegung der Teilchen zunimmt und beim Abkühlen abnimmt. Das führt bei bestimmten Temperaturen zu Aggregatzustandsänderungen der Stoffe. ↑2

Wird ein fester Stoff erwärmt, schwingen die Teilchen immer heftiger und beanspruchen mehr Platz. Werden die Schwingungen so stark, dass Teilchen ihre Plätze verlassen können, existiert ihre regelmäßige Anordnung nicht mehr: Der Stoff schmilzt, er wird flüssig.

Bei weiterer Wärmezufuhr bewegen sich die Teilchen immer schneller. Die Stöße zwischen ihnen werden immer heftiger und die Abstände größer. Wenn schließlich die Siedetemperatur erreicht ist, entfernen sich die Teilchen sehr weit voneinander. Der Stoff verdampft.

Ein einzelnes Teilchen kann nicht fest, flüssig oder gasförmig sein. Der Aggregatzustand ist immer an eine Stoffportion gebunden, die aus sehr vielen Teilchen besteht.

> Mit dem Teilchenmodell lassen sich Erscheinungen wie Aggregatzustände eines Stoffes und Vorgänge wie Diffusion und Aggregatzustandsänderungen deuten und beschreiben.

Aufgaben

1 Warum ist es oft sinnvoll, Modelle zu benutzen?
2 Beschreibe den Aufbau eines festen Stoffes mithilfe des Teilchenmodells.
3 Gase lassen sich leicht zusammenpressen, Flüssigkeiten und feste Stoffe dagegen nicht. Finde dafür eine Erklärung.
4 Erläutere den Vorgang der Diffusion anhand eines selbst gewählten Beispiels.
5 Erläutere den Unterschied zwischen einem kleinen Zuckerkristall und einem Zuckerteilchen.
6 Gibt man etwas Honig in eine Tasse mit Milch, dann schmeckt die Milch nach einiger Zeit auch ohne umzurühren süß. Erkläre.
7 Erläutere die Veränderungen bei den im Bild 2 dargestellten Vorgängen mithilfe des Teilchenmodells. ↑2

Stoffe und ihre Eigenschaften

weiter gedacht

1 Ermittle Stoffe aus dem Haushalt, auf deren Verpackung bzw. Etikett Gefahrensymbole abgebildet sind.
Was bedeuten die Symbole?
Nenne einige Verhaltensregeln für den Umgang mit diesen Stoffen.

2 Eine Glasbläserin hält ein Glasrohr an einem Ende mit der Hand fest, ohne sich zu verbrennen. Dabei erreicht das Glasrohr in der Flamme eine Temperatur von über 1000 °C.

Begründe, warum das möglich ist.
Nenne weitere Beispiele aus dem Alltag, wo diese Stoffeigenschaft genutzt wird.

3 Ob im Hallenbad oder an einem Badesee, überall kannst du beobachten, dass manche Stoffe auf dem Wasser schwimmen, andere dagegen sofort untergehen, z. B. eine Kette aus Silber.

Finde für diese Erscheinung eine Erklärung. Stoffe lassen sich aufgrund dieser Eigenschaft einteilen. Formuliere dafür die Einteilungskriterien.

4 Könntest du 1 m³ Kork hochheben? Begründe.

5 Gold ist relativ weich und sehr gut verformbar. Schmuckstücke aus Gold, wie z. B. Ringe, gibt es in großer Auswahl.

Wie könntest du prüfen, ob ein Ring aus purem Gold besteht?

6 Erstelle einen Steckbrief von Aluminium. Für den Steckbrief sind folgende Eigenschaften zu ermitteln: Farbe, Glanz, Aggregatzustand bei Zimmertemperatur, Siedetemperatur, Schmelztemperatur, magnetisches Verhalten, Dichte, Geruch, Wärmeleitfähigkeit, Löslichkeit in Wasser und elektrische Leitfähigkeit.
Vergleiche den Steckbrief von Aluminium mit dem Steckbrief von Eisen.

7 **Untersuche die Durchmischung von zwei Flüssigkeiten.**
Fülle eine Petrischale mit etwas Wasser. Pipettiere vorsichtig einen Tropfen Tusche oder Tinte auf den Schalenboden.

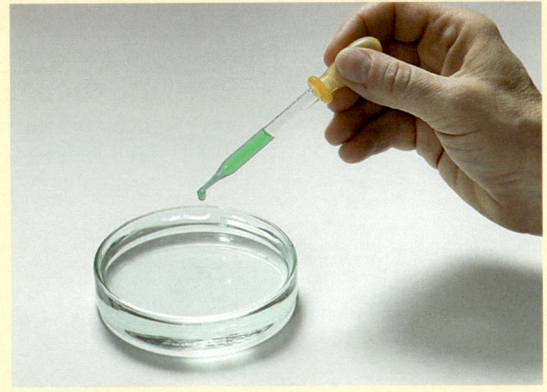

Beobachte über einen längeren Zeitraum. Deute die Beobachtungsergebnisse mithilfe des Teilchenmodells.
Entsorgung: Flüssigkeiten in den Sammelbehälter für Abwasser geben.

Auf einen Blick

Stoffe

Alle Gegenstände bestehen aus Stoffen. Stoffe erkennt man an ihren Eigenschaften.

Eigenschaften von Stoffen

Die Eigenschaften der Stoffe lassen sich mithilfe der Sinnesorgane sowie mit Hilfsmitteln und Messgeräten ermitteln. Jeder Stoff besitzt eine für ihn typische Eigenschaftskombination.

Steckbrief eines Stoffes

Jeder Stoff ist durch die Angabe mehrerer typischer Eigenschaften (Eigenschaftskombination) identifizierbar.

Farbe: gelb
Glanz: matt
Kristallform: nadelförmig
Löslichkeit in Wasser: unlöslich
Schmelztemperatur: 119 °C
Siedetemperatur: 445 °C
Dichte: 1,96 g/cm^3

Farbe: grauschwarz
Glanz: glänzend
Kristallform: Plättchen
Löslichkeit in Wasser: gering
Schmelztemperatur: 114 °C
Siedetemperatur: 183 °C
Dichte: 4,94 g/cm^3

Farbe: farblos
Glanz: –
Kristallform: –
Löslichkeit in Wasser: unbegrenzt
Schmelztemperatur: –114 °C
Siedetemperatur: 78 °C
Dichte: 0,79 g/cm^3

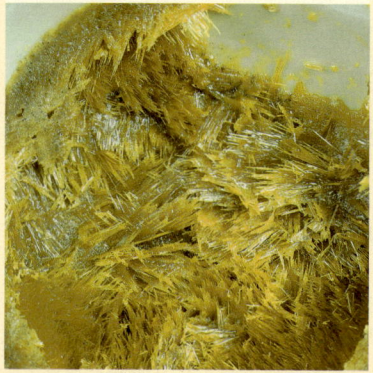
1 Schwefel (monoklin)

2 Iod

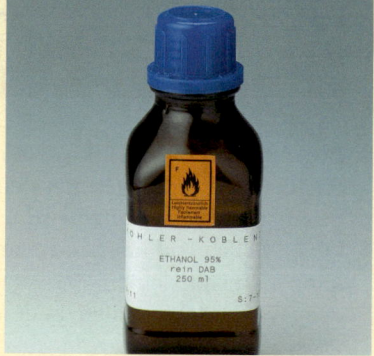
3 Alkohol (Ethanol)

Bau der Stoffe aus Teilchen

Der Bau der Stoffe lässt sich mithilfe des Teilchenmodells veranschaulichen. Man stellt sich vor, dass die Stoffe aus kleinsten, unteilbaren Teilchen bestehen, die in ständiger Bewegung sind. Mit dem Teilchenmodell können Erscheinungen und Vorgänge gedeutet werden.

Aggregatzustände der Stoffe	fest	flüssig	gasförmig
Darstellung im Teilchenmodell	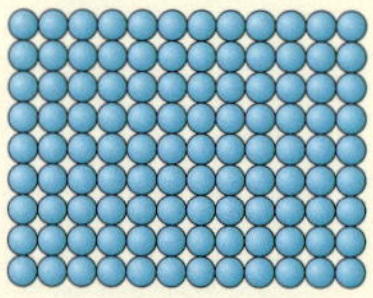	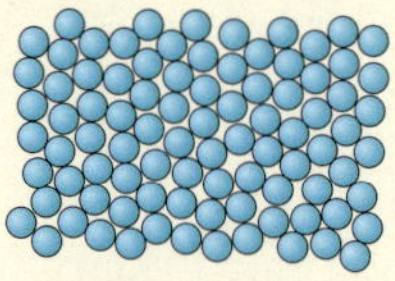	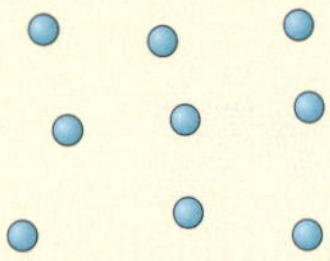
Anordnung der Teilchen	regelmäßig	unregelmäßig	ungeordnet
Abstand zwischen den Teilchen	sehr klein	sehr klein	sehr groß
Bewegung der Teilchen	schwingen	gleiten	frei beweglich

Stoffgemische

Die Menschen liebten schon immer angenehme Düfte.
Bereits im Altertum umgaben sie sich mit wohlriechenden Essenzen.
Die Babylonier erfreuten sich am Duft von Weihrauch und Myrrhe.
Die Gewinnung von Duftstoffen, z. B. aus Erdbeeren,
ist eine Grundlage für die Herstellung von Parfüms.
Ein Parfümöl ist ein abgestimmtes Gemisch aus mehreren Stoffen.

➡ Wo kommen in der Natur und im Alltag viele Stoffe miteinander vermischt vor?
➡ Lassen sich Stoffgemische trennen?
➡ Gibt es zur Stofftrennung bestimmte Verfahren?

Selbst untersucht Mischen und Trennen von Stoffen

1 Untersuche die Mischbarkeit von Stoffen.
Mische im Reagenzglas etwas Schwefelpulver mit Eisenfeilspänen. Bewege dann einen Magneten an der Reagenzglaswand auf und ab.
Schüttle das Gemisch danach mit Wasser.

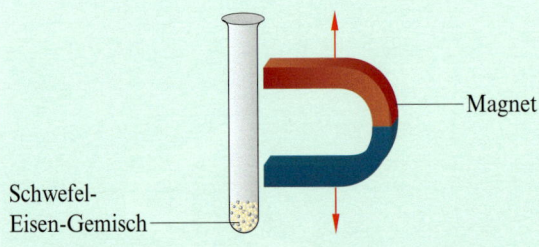

Notiere die Beobachtungen. Vergleiche die Eigenschaften der Stoffe vor und nach dem Mischen.
Entsorgung: Gemische einsammeln und trennen, Flüssigkeiten in den Sammelbehälter für Abwasser geben, feste Stoffe weiter verwenden.

2 Untersuche Brausepulver.
Gib etwas Brausepulver auf eine Uhrglasschale und betrachte es mit der Lupe.
Betrachte danach zum Vergleich eine Stoffportion Zucker mit der Lupe.
Zeichne, was du siehst. Beschreibe deine Beobachtungen. Deute das Ergebnis.
Entsorgung: Stoffe getrennt einsammeln, werden wieder verwendet.

3 Stelle verschiedene Stoffgemische her.
Gib jeweils kleine Stoffportionen folgender Stoffe in Wasser: Zucker, Sand, Speiseöl, Kreidepulver, Brennspiritus (F), Holzkohlepulver, Kochsalz.
Verschließe die Reagenzgläser mit einem Stopfen. Schüttle kräftig und lass die Gläser dann einige Minuten im Reagenzglasständer stehen.
Beschreibe deine Beobachtungen. Überlege dir Kriterien zur Einteilung der Stoffgemische und fasse diese in einer Tabelle zusammen.
Entsorgung: Feststoffe abtrennen; Flüssigkeiten in den Sammelbehälter für Abwasser, Feststoffe in den Sammelbehälter für Hausmüll geben.

4 Mische Brennspiritus mit Wasser.
Fülle einen Messzylinder genau mit 50 ml Brennspiritus (F) und einen zweiten mit 50 ml Wasser. Gieße dann langsam den Brennspiritus in den mit Wasser gefüllten Standzylinder.
Betrachte die Flüssigkeit im durchscheinenden Licht und lies das Volumen ab.
Vermische dann die Flüssigkeit mit einem Glasstab. Achte darauf, dass keine Flüssigkeit herausspritzt. Warte kurze Zeit und lies erneut das Volumen ab.
Vergleiche die Ergebnisse. Versuche, die beobachtete Erscheinung zu erklären. Nutze dazu die Vorstellungen vom Teilchenmodell.
Entsorgung: Flüssigkeiten in den Sammelbehälter für Abwasser geben.

5 Trenne eine Aufschlämmung von Kreidepulver in Wasser.
Stelle eine Aufschlämmung von Kreidepulver und Wasser her. Lasse das Gemisch kurze Zeit ruhig stehen. Trenne danach das Gemisch durch vorsichtiges Abgießen des Wassers.

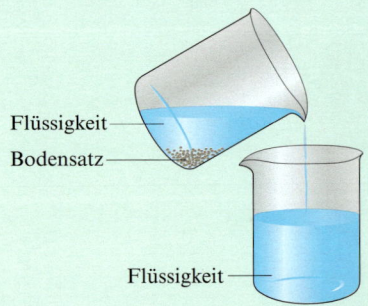

Beschreibe deine Beobachtungen. Welche unterschiedlichen Eigenschaften der Stoffe werden bei der Trennung genutzt?
Entsorgung: Kreidepulver in den Sammelbehälter für Hausmüll, Flüssigkeiten in den Sammelbehälter für Abwasser geben.

Mischen und Trennen von Stoffen

6 Filtriere einen Kaffeeaufguss.

Gib etwas gemahlenen Kaffee in ein Becherglas. Erhitze Wasser bis zum Sieden. Gieße vorsichtig das heiße Wasser auf den Kaffee und rühre um. Filtriere den Aufguss.
Beschreibe deine Beobachtungen. Gib an, welche Eigenschaften der Stoffe zur Trennung genutzt werden. Welches Trennverfahren könnte noch angewendet werden? Nenne Vor- und Nachteile dieser Verfahren.
Entsorgung: Feststoffe in den Sammelbehälter für Hausmüll, Flüssigkeiten in den Sammelbehälter für Abwasser geben.

7 Filtriere eine Aufschlämmung.

Verrühre etwas Kohlenstoffpulver in Wasser. Filtriere das Stoffgemisch, verwende dazu Glastrichter und Rundfilter. Feuchte das Filterpapier mit Wasser an. Lasse das Stoffgemisch vorsichtig an einem Glasstab in den Trichter laufen. Prüfe die Farbe des Filtrats.

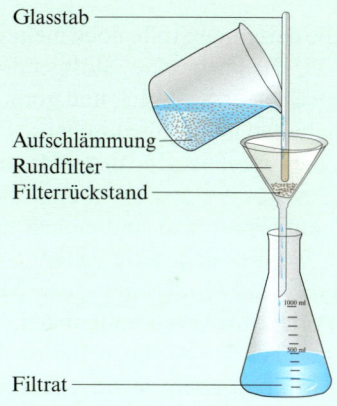

Fertige ein Protokoll an. Beschreibe deine Beobachtungen. Welchen Aggregatzustand haben die Reinstoffe bei 20 °C? Worauf beruht die Trennwirkung eines Papierfilters beim Filtrieren?
Entsorgung: Feste Stoffe in den Sammelbehälter für Hausmüll, Flüssigkeiten in den Sammelbehälter für Abwasser geben.

8 Destilliere eine Farbstofflösung.

Stelle eine Farbstofflösung her, indem du Wasser mit Tinte versetzt. Baue die Versuchsapparatur wie in der Abbildung auf. Entzünde den Brenner. Erhitze die Farbstofflösung im Reagenzglas, bis das Wasser vom Tintenfarbstoff getrennt ist.

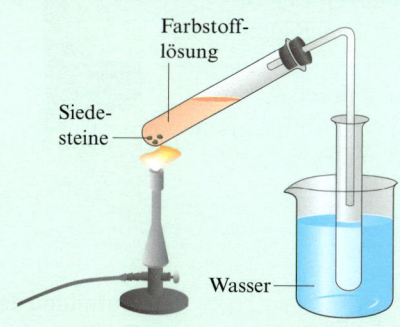

Notiere die Beobachtungen. Deute das Ergebnis.
Entsorgung: Flüssigkeiten in den Sammelbehälter für Abwasser geben.

9 Entferne feine Verunreinigungen.

Schüttle im Reagenzglas jeweils Aktivkohle mit stark verdünnter Tinte und mit Parfümwasser. Filtriere anschließend jede Probe.
Beschreibe deine Beobachtungen. Deute das Ergebnis.
Entsorgung: Aktivkohle einsammeln, wird wieder verwendet; Flüssigkeiten in den Sammelbehälter für Abwasser geben.

10 Trenne Gemische von festen Stoffen.

Mische in einem Becherglas Sand und Sägespäne und in einem zweiten Becherglas PE- und PVC-Pulver. Gieße jeweils Wasser darauf und rühre kräftig um, sodass sich ein Strudel bildet.
Beschreibe deine Beobachtungen. Deute das Ergebnis. Welche Eigenschaften der Stoffe werden bei der Trennung der Gemische genutzt?
Entsorgung: PE- und PVC-Pulver getrennt einsammeln, werden wieder verwendet; Flüssigkeiten in Sammelbehälter für Abwasser, übrige feste Stoffe in Sammelbehälter für Hausmüll geben.

Stoffgemische oder Reinstoffe?

Ein Blick auf die Verpackung der Zahnpasta oder des Duschgels zeigt, dass Stoffgemische vorliegen.
Auch beim Frühstück mit Milch und Müsli oder beim Trinken von Traubensaft oder eines Kiwi-Shakes handelt es sich immer um Gemische.
Was sind Stoffgemische?
Woran lassen sich Stoffgemische erkennen und unterscheiden?

1

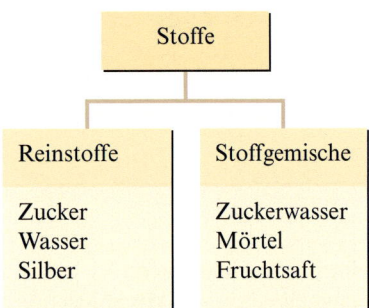

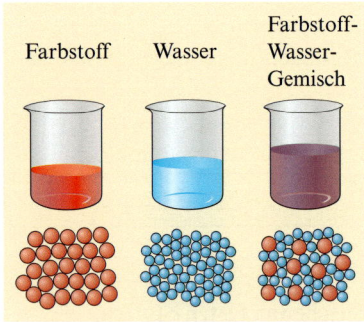

2 Farbstoff-Wasser-Gemisch (oben), Teilchenvorstellung (unten)

Einteilung der Stoffe Wie du experimentell festgestellt hast, lassen sich Stoffe miteinander mischen. ↑E.1,3,4 S.38 Aus Mehl, Kochsalz, Zucker, Wasser und anderen Stoffen bereitet der Bäcker einen Teig, um daraus Brot zu backen. Beim Hausbau wird aus Sand, Zement und Wasser Zementmörtel hergestellt. Es entstehen jeweils **Stoffgemische**.
Auch das Herstellen von Farben, Kosmetika, Medikamenten oder Brausepulver beruht auf dem Mischen von Stoffen. In der Natur kommen Stoffe fast nur als Stoffgemische vor, z. B. Granit, Steinsalz, Erdgas, Sandstein und Erde.
In einigen Stoffgemischen sind die einzelnen Stoffe noch mehr oder weniger deutlich erkennbar. ↑E.2 S.38 Die Farbe eines Stoffgemisches aus Eisen und Schwefel ist gelb, wenn es mehr Schwefel, und grau, wenn es mehr Eisen enthält. Die Stoffe behalten im Stoffgemisch ihre für sie typischen Eigenschaften, wie z. B. die Eisenfeilspäne ihren Magnetismus. ↑E.1 S.38
Stoffe, die nur aus einem Stoff aufgebaut sind und einheitlich gleich bleibende Eigenschaften haben, werden **Reinstoffe** genannt. ↑E.2 S.38
Die Herstellung von Reinstoffen ist aufwendig und teuer. Meist enthalten Reinstoffe noch geringe Anteile an Verunreinigungen.
In der Chemie ist eine Einteilung, bei der zwischen Reinstoffen und Stoffgemischen unterschieden wird, besonders wichtig. Durch Untersuchungen von vielen Stoffen wird diese Einteilung später noch weiter differenziert.

Beim Mischen von Reinstoffen entstehen Stoffgemische. Die Eigenschaften der einzelnen Reinstoffe bleiben im Stoffgemisch erhalten.

Mit dem Teilchenmodell können wir uns ein Stoffgemisch so vorstellen: Die Teilchen verschiedener Stoffe unterscheiden sich in ihrer Größe. Beim Mischen rutschen die kleineren Teilchen des einen Stoffes zwischen die größeren Teilchen des anderen Stoffes. Alle Teilchen zusammen beanspruchen deshalb weniger Platz als den, den sie getrennt bei diesem Vorgang einnehmen würden. ↑E.4 S.38

Stoffgemische oder Reinstoffe?

Arten von Stoffgemischen Beim näheren Betrachten von Stoffgemischen fällt auf, dass nur bei einigen von ihnen die einzelnen Reinstoffe noch deutlich sichtbar sind. ↑E.3 S.38

Stoffgemische wie Granit oder Milch, bei denen die einzelnen Reinstoffe mit bloßem Auge, mit einer Lupe oder einem Mikroskop nebeneinander erkennbar sind, werden als **heterogen** (griech. heteros – verschieden, anders) bezeichnet. Sie sehen uneinheitlich aus. Gemische wie Limonade oder Essig, bei denen die einzelnen Reinstoffe selbst bei stärkster Vergrößerung nicht erkennbar sind, nennen wir **homogen** (griech. homos – gleich, ähnlich). Sie sehen einheitlich aus.

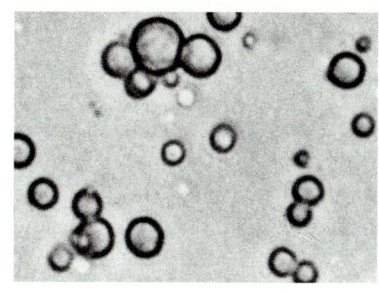

3 Milch unter dem Mikroskop

Stoffgemische	Heterogene Stoffgemische		Homogene Stoffgemische	
Aggregatzustände der Reinstoffe	Bezeichnung	Beispiele	Bezeichnung	Beispiele
fest und fest	Gemenge	Granit, Müll	Legierung	Bronze, Stahl
flüssig und fest	Aufschlämmung (Suspension)	Schmutzwasser	Lösung	Zuckerwasser
gasförmig und fest	Rauch	Rußwolke	–	–
flüssig und flüssig	Emulsion	Milch	Lösung	Wein, Essig
flüssig und gasförmig	Schaum	Sahne	Lösung	Limonade, Sekt
gasförmig und flüssig	Nebel	Spray, Wolken	–	–
gasförmig und gasförmig	–	–	Gasgemisch	Luft, Erdgas

Lösevorgang Zucker löst sich bekanntlich gut in Wasser. Es entsteht eine Zuckerlösung, ein homogenes Stoffgemisch. Dieser Vorgang lässt sich mithilfe des Teilchenmodells ↑5, 6, 7 beschreiben: Die Teilchen, die den Zuckerkristall bilden, sind von kleineren Wasserteilchen umgeben. Die Teilchen sind in ständiger Bewegung. Beim Lösen prallen die Teilchen des Wassers auf die dicht gepackten, weniger beweglichen Zuckerteilchen. Manche Wasserteilchen schieben sich auch zwischen die Zuckerteilchen. Dabei verlieren einzelne Zuckerteilchen ihren Zusammenhalt mit den benachbarten Zuckerteilchen. Sie werden von Wasserteilchen umgeben und verteilen sich in der Flüssigkeit.

4 Essigessenz, Zuckerwasser

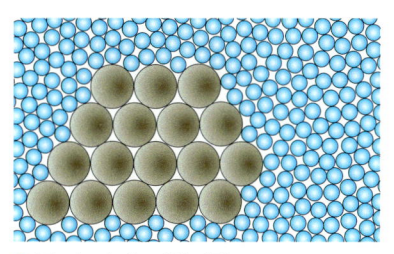

5 Zuckerkristall in Wasser

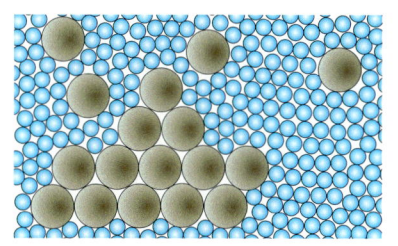

6 Teilweise gelöster Zucker

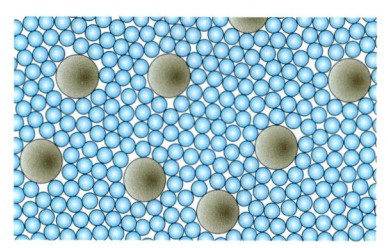

7 Vollständig gelöster Zucker

Aufgaben

1 Ordne nach Reinstoffen und Stoffgemischen: Müll, Kupferdraht, Zahnpasta, Mineralwasser, Schwefel, Zink, Klärschlamm, Leitungswasser. Gib an, welche Stoffgemische heterogen, welche homogen sind. Bezeichne die Stoffgemische.

2 Gib aus dem Alltag Beispiele für Suspensionen, Emulsionen und Rauch an.

3 Schüttle folgende Stoffe jeweils mit Wasser: Gips, Kochsalz, Waschpulver, Alkohol, Öl. In welchen Fällen entstehen Lösungen? Begründe.

Trennen von Stoffgemischen

Aus dem Saft der Zuckerrübe kann Zucker gewonnen werden. Butterfett lässt sich aus Milch abtrennen. Aus Pflanzensamen kann Öl herausgepresst werden. In Ländern der warmen Klimazone gewinnt man Salz aus dem Meerwasser.
Welche Verfahren zum Trennen von Stoffgemischen werden genutzt?

1 Salzgewinnung aus Meerwasser

2 Absetzen einer Aufschlämmung

3 Goldwäscher am Alpenrhein

Sedimentieren und Dekantieren Trübes Lehmwasser oder eine Aufschlämmung aus Kreidepulver und Wasser klärt sich mit der Zeit. Da die Dichte des Lehms und die Dichte der Kreide größer sind als die des Wassers, setzen sich die festen Stoffe nach einiger Zeit am Boden ab. ↑2
Diesen Vorgang nennt man **Sedimentieren** (Absetzen). Die Stoffe, die sich am Boden ansammeln, werden **Bodensatz** oder **Sediment** genannt. Das klare Wasser, das über dem Bodensatz steht, kann vorsichtig abgegossen werden. Der Bodensatz bleibt im Gefäß zurück. Das Trennen von festen und flüssigen Stoffen durch Abgießen nennen wir **Dekantieren** (franz. décanter – abgießen). ↑E.5 S.38
Auch in den Absatzbecken einer Abwasserkläranlage sinken bei der mechanischen Klärung von Abwasser die unlöslichen festen Stoffe, die eine größere Dichte als die Flüssigkeit haben, aufgrund der Schwerkraft nach unten. ↑S.55
Die unterschiedliche Dichte von Stoffen wird von den Goldwäschern genutzt. Durch die größere Dichte des Golds lassen sich aus goldhaltigem Sand durch Ausschwemmen des Sands kleinste Goldkörner gewinnen. Beim Sedimentieren und dem anschließenden Dekantieren werden die einzelnen Stoffe meist nur grob getrennt.

Filtrieren Eine bessere Trennung fester, unlöslicher Stoffe von Flüssigkeiten ist durch **Filtrieren** möglich. Zum Filtrieren mit einem Rundfilter aus Papier wird dieser zweifach gefaltet. ↑4
Beim Filtrieren wird das Stoffgemisch auf einen Filter gegeben, der feine Poren (griech. poros – Durchgang, Öffnung) hat. Durch diese Poren kann die Flüssigkeit ablaufen. Der feste Stoff, der **Filterrückstand**, wird aufgrund seiner Partikelgröße vom Filter zurückgehalten. Die durchgelaufene Flüssigkeit bezeichnet man als **Filtrat**. Nach dem Entnehmen des Filters kann der feste Stoff getrocknet werden. ↑E.7 S.39
Bei sehr feinkörnigen festen Stoffen muss ein engporiger Filter verwendet werden. So wird beim Brühen von Filterkaffee der Kaffee mit feinporigen Papierfiltern vom Kaffeesatz getrennt. ↑E.6 S.39

Trennen von Stoffgemischen

Filter können aus Papier oder Wolle bestehen. In größeren Filteranlagen der Industrie kommen oft Filtertücher zum Einsatz. Filter aus Kies und Sand dienen in Wasserwerken bei der Trinkwasseraufbereitung zur Entfernung von Stoffen. ↑S.55
Durch Filter können auch Feststoffteilchen und Flüssigkeitstropfen aus Gasen entfernt werden, wie z. B. im Luftfilter von Kraftfahrzeugen.

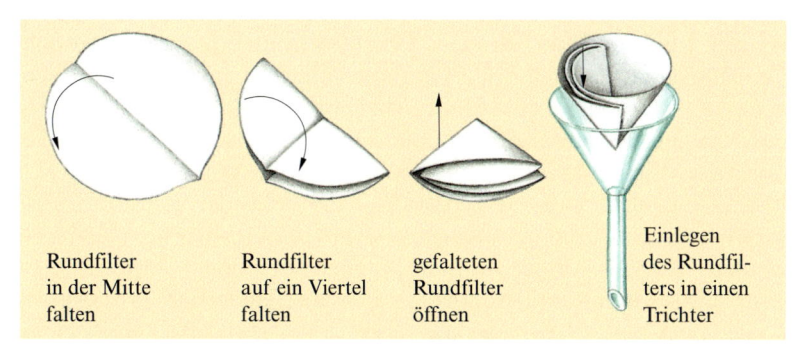

| Rundfilter in der Mitte falten | Rundfilter auf ein Viertel falten | gefalteten Rundfilter öffnen | Einlegen des Rundfilters in einen Trichter |

4 Falten, Öffnen und Einlegen eines Rundfilters

Verdunsten und Eindampfen Meerwasser enthält in einem Liter etwa 35 g Salz. Um die gelösten festen Stoffe aus ihren Lösungen zu gewinnen, lässt man die Flüssigkeit, z. B. das Meerwasser, in einem offenen Gefäß verdunsten. Der feste Stoff bleibt zurück. Er scheidet sich in vielen Fällen in Form von Kristallen ab. Der Vorgang des Verdunstens kann durch Erhitzen der Lösung bis zum Sieden beschleunigt werden.
↑5 Dabei verdampft zunächst das Lösemittel, da es eine niedrigere Siedetemperatur als der gelöste Stoff hat.

Zum Trennen von Stoffgemischen werden die sich unterscheidenden Eigenschaften der Reinstoffe genutzt.

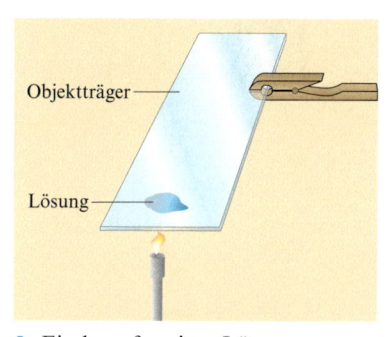

5 Eindampfen einer Lösung

Destillieren Eine Farbstofflösung lässt sich durch Sedimentieren und Filtrieren nicht trennen. Wie aber kann eine Farbstofflösung getrennt werden?
Ein Trennverfahren ist die **Destillation** (lat. destillare – herabträufeln). Bei der Destillation wird das Stoffgemisch erhitzt, bis die niedrigste Siedetemperatur eines Stoffes, z. B. des Wassers, erreicht ist. Das Wasser verdampft und die gelösten festen Stoffe, z. B. der Tintenfarbstoff, bleiben zurück. ↑E.8 S.39 Der Wasserdampf wird abgekühlt und kondensiert. Das entstehende Wasser, das **Destillat**, wird in einer so genannten **Vorlage** gesammelt. Es wird als **destilliertes Wasser** bezeichnet, das u. a. für Dampfbügeleisen im Haushalt und zum Herstellen von Lösungen im Chemieunterricht benötigt wird.
Durch Destillation lassen sich Stoffgemische nur dann trennen, wenn die Reinstoffe des Stoffgemisches unterschiedliche Siedetemperaturen haben. Dabei gelingt die Trennung durch Destillation umso vollständiger, je weiter die Siedetemperaturen der einzelnen Reinstoffe auseinander liegen.

Durch Destillation lassen sich Stoffgemische aufgrund der unterschiedlichen Siedetemperaturen der Reinstoffe trennen.

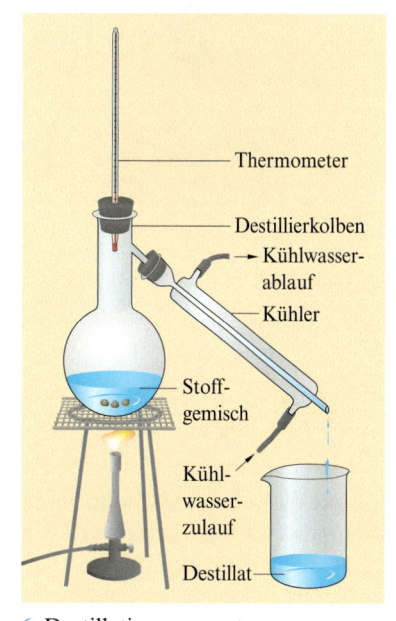

6 Destillationsapparat

STOFFGEMISCHE

Schon gewusst?

Eine der ältesten Anwendungen der Destillation ist die Herstellung von Weinbrand aus Wein. Der Name Weinbrand (auch Branntwein genannt) kommt daher, dass früher das Destillieren als „Brennen" bezeichnet wurde.

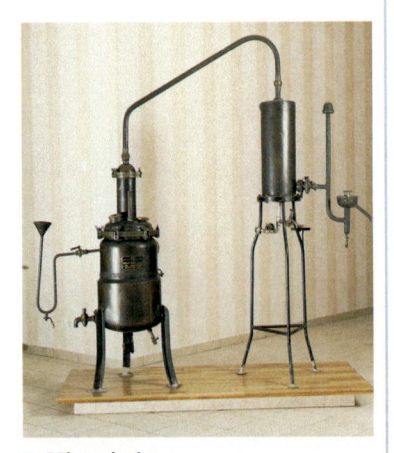

1 Historische Destillationsapparatur

2 Heißes Wasser als Extraktionsmittel

Mehrfaches Destillieren Durch mehrfaches Destillieren kann im Destillat der Anteil der Flüssigkeit mit der niedrigeren Siedetemperatur erhöht werden. So lässt sich aus vergorenen Zucker- und Obstsäften Alkohol destillieren.
Aus Erdöl werden in großen Raffinerien verschiedene Benzine, Öle und andere Stoffe abgetrennt.

Weitere Trennverfahren In einer Fruchtsaftzentrifuge werden durch **Zentrifugieren** (Schleudern) Fruchtfleisch und Saft mit einem Filtersieb getrennt. ↑3 Andere Zentrifugen arbeiten ohne Filtersieb. Die Trennung erfolgt dabei aufgrund der unterschiedlichen Dichte der Stoffe. So lässt sich Milch in Milchfett und wässrige Molke trennen.
Mit Aktivkohle können Geruchsstoffe, Farbstoffe oder Gifte durch **Adsorption** (lat. adsorbere – anlagern) an der Kohleoberfläche entfernt werden. ↑E.9 S.39 Aktivkohle ist nach einem besonderen Verfahren hergestellte Holzkohle mit besonders großer Oberfläche. Bereits 5 g Aktivkohle haben eine Oberfläche, die vergleichbar ist mit der Größe eines Fußballfeldes. Dieses Verfahren wird in Filtern von Atemschutzmasken, bei der Trinkwasseraufbereitung sowie in Dunstabzugshauben in der Küche angewandt. ↑4
Feste Stoffe mit unterschiedlicher Dichte können mit einer Flüssigkeit getrennt werden, wenn die Dichte der Flüssigkeit zwischen der Dichte der Stoffe liegt. ↑E.10 S.39 Dieses Verfahren wird als **Schwimmtrennung** bezeichnet und z.B. bei der Mülltrennung oder Erzaufbereitung genutzt.
Beim Aufbrühen von Tee löst das heiße Wasser verschiedene Stoffe aus den Teeblättern heraus. Man sagt, sie werden extrahiert. ↑2 Beim **Extrahieren** (lat. extrahere – herausziehen) wird die unterschiedliche Löslichkeit der Reinstoffe im Stoffgemisch genutzt. ↑S.50f.

3 Fruchtsaftzentrifuge

4 Dunstabzugshaube in einer Küche

Aufgaben

1 Ein Gemisch aus Eisenfeilspänen, Sand, Kochsalz und Wasser soll getrennt werden. Beschreibe die anzuwendenden Trennverfahren. Skizziere die Versuchsanordnung.
2 Nenne Beispiele für Trennverfahren im Alltag.
3 Beschreibe anhand des Bildes 6, S.43 den Aufbau einer Destillationsapparatur.
4 Welche Aufgaben erfüllen die Nieren bei einem gesunden Menschen?
5 Wie lässt sich ein Alkohol-Wasser-Gemisch trennen? Begründe dein Vorgehen.

Zusammensetzung von Stoffgemischen

Im Alltag, in der Technik und in der Medizin ist der Einsatz oder die Wirkung eines Gemisches häufig vom Anteil eines Stoffes im Gemisch abhängig. So wird z. B. für Infusionen in der Medizin eine 0,9%ige Kochsalzlösung verwendet. Was bedeutet diese Angabe?↑5 Es gibt unterschiedliche Anteilsangaben für Gemische, die meist in Prozent erfolgen.

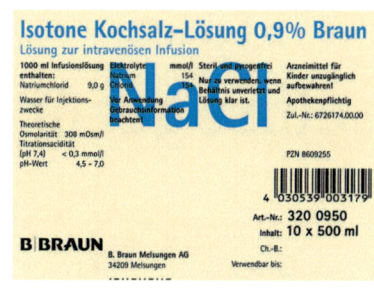

Massenanteil Ein Mischdünger mit 18 g Kalk in 100 g des Gemisches hat einen **Massenanteil** w von 18%.
Die Massenanteile können direkt aus den Massen der Stoffe in einem Stoffgemisch berechnet werden. Außerdem kann ermittelt werden, welche Masse eines Stoffes notwendig ist, um ein Stoffgemisch mit einem bestimmten Massenanteil dieses Stoffes herzustellen.

5 Etikett einer physiologischen Kochsalzlösung

Aufgabe: Es sollen 400 g einer 5%igen Zuckerlösung hergestellt werden. Welche Masse an Zucker $m(Z)$ muss in Wasser gelöst werden?

Gesucht: $m(Z)$
Gegeben: $w(Z)\ 5\% = 0{,}05$
$m(Gem) = 400\,g$

Lösung: $w(Z) = \dfrac{m(Z)}{m(Gem)}$

$m(Z) = w(Z) \cdot m(Gem)$
$m(Z) = 0{,}05 \cdot 400\,g = 20\,g$

Ergebnis: Es müssen 20 g Zucker in 380 g Wasser gelöst werden.

Massenanteil

$$w(B) = \frac{m(B)}{m(Gem)} \cdot 100\%$$

$w(B)$ Massenanteil des Stoffes B
$m(B)$ Masse des Stoffes B
$m(Gem)$ Masse des Stoffgemisches

Volumenanteil Bei Stoffgemischen von Flüssigkeiten und Gasen ist es günstiger, statt der Masse das Volumen der einzelnen Stoffe im Gemisch zu betrachten. Auf dem Etikett einer Sektflasche steht z. B. 12,0% vol. Um eine Lösung mit gleichem Alkoholgehalt herzustellen, müssten 88 ml Wasser mit 12 ml Alkohol gemischt werden.
Der **Volumenanteil** φ (sprich: phi) ist der Anteil, den das Volumen eines Stoffes an der Summe der Volumina aller Stoffe im Gemisch hat.

Volumenanteil

$$\varphi(B) = \frac{V(B)}{V(A) + V(B) + \ldots} \cdot 100\%$$

$\varphi(B)$ Volumenanteil des Stoffes B im Gemisch
$V(B)$ Volumen des Stoffes B
$V(A) + V(B) + \ldots$ Summe der Volumina aller Stoffe des Stoffgemisches

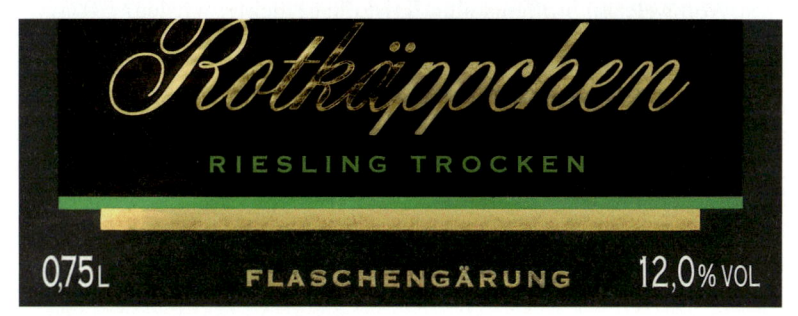

6 Volumenanteil auf einem Etikett

Aufgaben

1 In 300 g Wasser werden 30 g Kochsalz gelöst. Berechne den Massenanteil an Kochsalz in Prozent in der Kochsalzlösung.

2 Welches Volumen Wasser muss mit 200 ml reinem Essig gemischt werden, damit eine 10%ige Essiglösung eines Haushaltsessigs entsteht?

STOFFGEMISCHE

selbst erforscht

Kristalle selbst gezüchtet

1 Topas

2 Smaragd

3 Apatit

Der Besuch einer Mineraliensammlung ist immer ein Erlebnis. Die verschiedenen Kristallformen, ihr Glanz, ihre leuchtenden Farben und ihre auffälligen optischen Erscheinungen beeindrucken uns immer wieder. Diese schönen Kristalle sind in der Natur in Jahrhunderten gewachsen. Heute werden in der Industrie in kürzerer Zeit Kristalle gezüchtet, die z. B. in der Lasertechnik benötigt werden. Können Kristalle selbst wachsen? Was meint ihr?

Info

Kristallbildung. Wird eine Kupfersulfatlösung, die so viel Kupfersulfat gelöst enthält, dass sich kein weiteres Kupfersulfat mehr löst, offen stehen gelassen, so verdunstet das Lösemittel Wasser allmählich. Am Boden des Gefäßes bilden sich kleine Kupfersulfatkristalle.

→ Wie und unter welchen Bedingungen entstehen Kristalle?
→ Welche kristallinen Stoffe kennt ihr aus dem Alltag und wie verhalten sich diese Stoffe gegenüber Wasser?
→ Von welchen Stoffen sollen Kristalle gezüchtet werden?
→ Wo spielt das Züchten von Kristallen eine Rolle?

Materialien für die Projektbearbeitung Die Lösung der Projektaufgaben erfordert den Einsatz von Experimenten. Nutzt dazu Angaben im Internet, in Experimentierbüchern sowie das hier bereitgestellte Material.

1 Untersuche das Verhalten von kristallinen Stoffen in Wasser.

Vorsicht! Schutzbrille! Gib in drei Reagenzgläser je eine Spatelspitze Kochsalz, Kupfersulfat (Xn, N) und Alaun (Kaliumaluminiumsulfat) und danach in jedes Reagenzglas etwa 5 ml destilliertes Wasser. Erwärme anschließend mit kleiner Brennerflamme, bis sich die Stoffe gelöst haben. Gieße die Lösungen zum Abkühlen in Uhrglasschalen.
Beobachte die Lösungen mehrere Stunden. Finde eine Erklärung für die Beobachtungsergebnisse.

4 Gezüchteter Kupfersulfatkristall

Kristalle selbst gezüchtet

2 Züchte Kochsalzkristalle.
Gib 35 g Kochsalz in ein mit 100 ml Wasser gefülltes Becherglas. Rühre mit einem Glasstab vorsichtig um, bis sich das Kochsalz vollständig gelöst hat. Befestige einen Wollfaden an einem Holz- oder Glasstab. Beschwere den Faden mit einem Metallstück, damit er senkrecht hängt. Hänge den Faden in das Becherglas und lass es einige Tage ruhig stehen. Beobachte.

3 Züchte Kristallkeime.
Vorsicht! Schutzbrille! Gib je eine bestimmte Stoffportion eines Stoffes in Bechergläser, die mit 100 ml Wasser gefüllt sind.
Stelle Lösungen mit 15 g Kaliumalaun (Kaliumaluminiumsulfat) mit 40 g Kupfersulfat (Xn, N), mit 40 g Chromalaun (Kaliumchromsulfat) und mit 70 g Kaliumnitrat (O) her.
Erwärme diese Lösungen auf etwa 50 °C. Filtriere die Lösungen und gieße sie zum Abkühlen in Petrischalen. Die Lösungen müssen nun für mehrere Stunden erschütterungsfrei und kühl stehen. Beobachte.
Nimm die schönsten der entstandenen Kristalle mit einer Pinzette aus der Lösung. Diese Kristalle werden als Kristallkeime für das Züchten großer Kristalle verwendet (Experiment 4).

4 Züchte Einzelkristalle.
Knote jeweils einzelne Kristallkeime (Experiment 3) an Schlingen von dünnen Perlonfäden.
Bereite die Lösungen für die Züchtung von großen Kristallen in gleicher Weise wie in Experiment 3 vor. Beachte, dass die warmen, filtrierten Lösungen auf keinen Fall einen Bodensatz haben dürfen.
Hänge nun jeden an einem Perlonfaden befestigten Kristallkeim mithilfe eines Holz- oder Glasstabs mitten in die zugehörige Lösung. Stelle danach die Bechergläser für einige Tage erschütterungsfrei und kühl ab. Beobachte.
Hinweis: Fertige Kristalle können zum Schutz gegen Feuchtigkeit und Berührung mit farblosem Nagellack überzogen werden.

Hinweise für die Projektarbeit Informiert euch zunächst über den Vorgang der Kristallbildung. Einigt euch, von welchen Stoffen Kristalle gezüchtet werden sollen. Bereitet die Experimente unter Beachtung aller Gefahrenhinweise sorgfältig vor. Lasst die Versuchsanordnungen stets vor Beginn des Arbeitens von der Lehrerin bzw. vom Lehrer abnehmen. Fertigt von allen Experimenten Protokolle an. Betrachtet die gezüchteten Kristalle mit einer Lupe und beschreibt ihr Aussehen. Versucht, die Kristallformen zu zeichnen und herauszufinden, welche geometrischen Körper die Kristalle bilden. Überlegt, wie ihr eure Ergebnisse der Öffentlichkeit vorstellen könnt.
Erkundet, wo Mineralien zu besichtigen sind. Plant den Besuch einer solchen Mineraliensammlung.

Info

Schöne Kristalle entstehen meist nur, wenn sie für ihr Wachstum lange Zeit haben sowie ruhig und kühl stehen. Fertige Kristalle dürfen nicht mit bloßen Fingern angefasst werden oder mit Feuchtigkeit in Berührung kommen.
Das Züchten von Kristallen gelingt nur mit Geduld und Ausdauer.

5 Ein Kristall wird gezüchtet.

6 Chromalaun

7 Kalkspat

Selbst untersucht Wasser als Lösemittel

11 Untersuche das Verhalten von Stoffen in Wasser.

Fülle vier Reagenzgläser etwa zur Hälfte mit Wasser. Gib in je ein Reagenzglas einige Körnchen Zucker, Kochsalz, Gips bzw. blaues Kupfersulfat (Xn, N). Schüttle und beobachte.
Fülle drei Reagenzgläser zu etwa einem Drittel mit Wasser. Gib in je ein Reagenzglas drei Tropfen Speiseessig, Speiseöl bzw. Brennspiritus (F). Schüttle und beobachte.
Notiere deine Beobachtungen. Entscheide, welche Stoffe sich lösen und welche nicht? Wie lassen sich die Gemische wieder trennen?
Entsorgung: Kupfersulfatlösung in den Sammelbehälter II, andere Flüssigkeiten in den Sammelbehälter für Abwasser geben.

12 Untersuche verschiedene Wasserarten beim Erhitzen.

Baue die Versuchsanordnung so wie in der Abbildung mit einer pneumatischen Wanne auf. Der Trichter muss sich im Becherglas noch bewegen lassen. Erwärme Mineralwasser sehr langsam mit kleiner Brennerflamme. Lies bei 30 °C, 40 °C, 50 °C und 60 °C am Messzylinder das Gasvolumen ab. Notiere. Wiederhole das Experiment mit dem gleichen Volumen einmal mit frischem und einmal mit abgekochtem Leitungswasser.

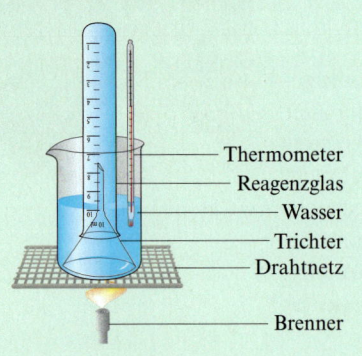

- Thermometer
- Reagenzglas
- Wasser
- Trichter
- Drahtnetz
- Brenner

Vergleiche die Messergebnisse für die Wasserarten. Fertige ein Diagramm an (Gasvolumen/Temperatur).
Entsorgung: Flüssigkeiten in den Sammelbehälter für Abwasser geben.

13 Untersuche die Löslichkeit von gasförmigen Stoffen.

Lass dir von deinem Lehrer bzw. deiner Lehrerin in einem Kolbenprober mit Schliffhahn ($V = 100$ ml) 40 ml Kohlenstoffdioxid abfüllen. Sauge anschließend 40 ml kaltes Wasser in den Kolbenprober und verschließe den Hahn. Schüttle gut durch, bis sich das Volumen des Stoffes nicht mehr verändert. Notiere das Volumen. Drücke den Kolben bei geschlossenem Hahn zusammen und schüttle. Beobachte. Notiere das Volumen des Kohlenstoffdioxids. Ziehe den Kolben vorsichtig um etwa 20 ml heraus. Beobachte erneut.
Vergleiche deine Beobachtungsergebnisse.
Entsorgung: Flüssigkeit in den Sammelbehälter für Abwasser geben.

14 Erkunde den Einfluss der Temperatur auf die Löslichkeit fester Stoffe.

Gib in zwei Reagenzgläser mit je 5 ml destilliertem Wasser jeweils eine Spatelspitze Ammoniumchlorid (Xn) und Kaliumnitrat (O). Verschließe die Reagenzgläser mit einem Stopfen und schüttle sie kräftig. Wiederhole den Vorgang so lange, bis ein Bodensatz zurückbleibt. Erwärme die Lösungen mit dem Bodensatz in einem Wasserbad auf 70 °C. Notiere deine Beobachtungen. Deute das Beobachtungsergebnis.
Entsorgung: Wässrige Lösungen in den Sammelbehälter für Abwasser geben.

15 Stelle Lösungen verschiedenen Gehaltes her.

Stelle folgende Zuckerlösungen her: 2 g Zucker in 100 ml Lösung, 6 g Zucker in 250 ml Lösung, 1 g Zucker in 50 ml Lösung, 5 g Zucker in 150 ml Lösung und 8 g Zucker in 400 ml Lösung.
Beschrifte die hergestellten Lösungen.
Ordne die hergestellten Lösungen nach ansteigendem Zuckergehalt.
Entsorgung: Lösungen in den Sammelbehälter für Abwasser geben.

Wasser als Lösemittel

16   Prüfe Lebensmittel mit Universalindikatorlösung und mit Lackmuslösung.
Gib in sechs Reagenzgläser jeweils 1 ml Wasser und dann einige Tropfen Tee, Zitronensaft, Milch, Honig, Essig, Seifenwasser und Joghurt.
Versetze jede Probe mit vier Tropfen Univeralindikatorlösung.
Notiere deine Beobachtungen.
Gib in ein Reagenzglas etwa 2 ml Wasser. Versetze es mit fünf Tropfen Lackmuslösung. Betrachte die Lösung, beschreibe die Farbe. Prüfe danach die oben genannten Stoffe mit Lackmuslösung.
Deute dein Ergebnis.
Entsorgung: Lösungen in den Sammelbehälter für Abwasser geben.

17   Prüfe Lösungen mit Universalindikatorpapier.
Löse einen sauren Bonbon in wenig Wasser auf. Gib eine Spatelspitze Kalkentferner (Xi) zu 5 ml Wasser. Prüfe beide Lösungen, indem du jeweils mit einem Glasstab ein Tropfen der Lösung auf einen Streifen Universalindikatorpapier gibst.
Fertige ein Protokoll an. Klebe den getrockneten Streifen dort ein.
Entsorgung: Lösungen in den Sammelbehälter für Abwasser geben.

18   Stelle Rotkohlsaft her und prüfe seine Wirkung auf verschiedene wässrige Lösungen.
Schneide ein Rotkohlblatt in kleine Stückchen. Gib in einem Becherglas zum Rotkohl so viel Wasser, dass die Blätter gerade bedeckt sind. Erhitze und lasse etwa 3 min sieden. Dekantiere den entstandenen Saft nach dem Abkühlen ab.
Gib in vier Reagenzgläser jeweils 2 ml Essig, 2 ml Zitronensaft, 2 ml Seifenwasser und 2 ml 1%ige Natronlauge. Versetze die Lösungen mit einigen Tropfen Rotkohlsaft.
Notiere deine Beobachtungen.
Entsorgung: Natronlauge in den Sammelbehälter I, übrige Lösungen in den Sammelbehälter für Abwasser geben.

19   Versetze schwarzen Tee mit Zitronensaft und Seifenwasser.
Gib in zwei Reagenzgläser jeweils 5 ml schwarzen Tee. Gib in das erste Reagenzglas einige Tropfen Zitronensaft und in das zweite einige Tropfen Seifenwasser.
Notiere deine Beobachtungen.
Entsorgung: Lösungen in den Sammelbehälter für Abwasser geben.

20   Untersuche Reinigungsmittel mit Universalindikator.
Vorsicht! Schutzbrille! Lass dir von deiner Lehrerin bzw. deinem Lehrer Proben von Reinigungsmitteln wie Backofenreiniger, Rohrreiniger, Scheuermilch, Kernseife und Glasreiniger geben. Beachte beim Umgang mit den Stoffen die Gefahrenhinweise und Gefahrensymbole! Gib von Proben flüssiger Stoffe jeweils einen Tropfen auf Universalindikatorpapier. Versetze feste Stoffe mit destilliertem Wasser und schüttle. Entnimm Flüssigkeitsproben und versetze jeweils etwa 2 ml mit drei Tropfen Universalindikatorlösung.
Notiere deine Beobachtungen.
Entsorgung: Lösungen in den Sammelbehälter für Abwasser geben.

21   Prüfe Natronlauge mit Universalindikator, Lackmus und Phenolphthalein.
Vorsicht Schutzbrille! Gib in drei Reagenzgläser jeweils etwa 2 ml 1%ige Natronlauge. Füge jeweils drei Tropfen Universalindikatorlösung, Lackmuslösung und Phenolphthalein-Indikatorlösung in je eines der Reagenzgläser hinzu.
Notiere deine Beobachtungen.
Entsorgung: Lösungen in den Sammelbehälter I geben.

Lösemittel Wasser

Ein gläserner Aufzug fährt durch die exotische Unterwasserwelt des Berliner AquaDoms, ein in seiner Art weltweit einzigartiges Meerwasseraquarium. Das gewaltige Becken ist 25 Meter hoch und fasst rund 1 Million Liter Wasser. Darin ist die unvorstellbare Masse von 30 Tonnen Salz gelöst.
Welche Stoffe lösen sich in Wasser? Kann sich ein wasserlöslicher Stoff unbegrenzt in Wasser lösen?

1 AquaDom im Foyer eines Berliner Hotels

Schon gewusst?

Das wohl salzigste Gewässer der Erde ist der Assalsee mit einem Salzgehalt von 34,8 %. In einem entlegenen Wüstengebiet Ostafrikas bedeckt er eine Fläche von 54 km². An seinen Ufern verkrusten Salzkristalle zu meterdicken Platten.

Löslichkeit in g je 100 g Wasser bei 20 °C und 1013 hPa	
Zucker	203,9
Kochsalz	35,88
Soda	21,66
Gips	0,2036
Kalkstein	0,0015

Wasser löst Stoffe Einige feste und flüssige Stoffe lösen sich in Wasser, andere hingegen nicht. ↑E.11 S.48 Die gelösten Stoffe sind zwar nicht mehr zu sehen, verschwunden sind sie aber nicht. Das ist z.B. an der blauen Farbe der Kupfersulfatlösung zu erkennen. Eine Zuckerlösung schmeckt süß, eine Kochsalzlösung salzig. Alle diese Lösungen sind homogene Stoffgemische des **Lösemittels** Wasser mit den **gelösten Stoffen**, z.B. dem Kochsalz.
Beim Erwärmen von Mineralwasser und frischem Leitungswasser steigen Gasblasen auf. Im Wasser sind gasförmige Stoffe gelöst. Das kannst du auch feststellen, wenn du eine Mineralwasserflasche öffnest. In kaltem Wasser und unter Druck lösen sich diese Stoffe besonders gut. ↑E.12,13 S.48 Die Lebewesen im Wasser nutzen den im Wasser gelösten Sauerstoff zur Atmung. Im Sommer kann eine starke Erwärmung der Gewässer zu einem Mangel an Sauerstoff führen.

Wasser ist ein gutes Lösemittel für viele feste, flüssige und gasförmige Stoffe. Lösemittel und gelöste Stoffe bilden ein homogenes Stoffgemisch.

Löslichkeit Stoffe wie Zucker und Kochsalz sind gut in Wasser löslich, andere Stoffe wie Gips sind dagegen schwer löslich. ↑E.11 S.48 Aber auch die gut löslichen Stoffe können von einer Lösemittelportion nur in einer bestimmten Masse gelöst werden. Ist diese Masse überschritten, setzt sich jede weitere zugegebene Stoffportion als Bodenkörper ab. ↑E.14 S.48 Die Lösung über dem **Bodenkörper** wird als **gesättigte Lösung** bezeichnet.

Lösemittel Wasser

In einer bestimmten Masse eines Lösemittels löst sich nur eine bestimmte Masse eines Stoffes. Diese Größe wird als **Löslichkeit *l*** bezeichnet. Sie ist abhängig von Druck und Temperatur. ↑E.14 S.48 Die Löslichkeit eines Stoffes gibt an, welche Masse des Stoffes bei einer bestimmten Temperatur und bei einem bestimmten Druck von 100 g eines Lösemittels höchstens gelöst werden kann. So können 100 g Wasser bei einer Temperatur $\vartheta = 20\,°C$ und bei einem Druck $p = 1013\,hPa$ höchstens 35,88 g Kochsalz lösen.

Die Löslichkeit *l* gibt an, welche Masse eines festen Stoffes unter Normbedingungen (20 °C, 1013 hPa) von 100 g eines Lösemittels höchstens gelöst wird.

Gehaltsangaben von Lösungen Lösungen mit einem bestimmten Volumen, z. B. 100 ml, können verschiedene Massen eines gelösten Stoffes enthalten. ↑E.15 S.48 Ist in einer Lösung wenig Stoff gelöst, handelt es sich um eine **verdünnte Lösung**, ist viel Stoff gelöst, um eine **konzentrierte Lösung**. Es gibt verschiedene Möglichkeiten, den Gehalt eines Stoffes in einer Lösung anzugeben. Die Größen Massenanteil und Volumenanteil kennst du bereits. ↑S.45

Der Gehalt von Lösungen kann aber auch als Quotient aus der Masse des gelösten Stoffes und dem Volumen der Lösung angegeben werden. Diese Größe wird als **Massenkonzentration *β*** (sprich: beta) bezeichnet. Eine Zuckerlösung mit 90 g Zucker in 1 Liter Zuckerlösung hat die Massenkonzentration $\beta(\text{Zucker in Wasser}) = 90\,g/l$. Die Massenkonzentration eignet sich besonders zur Angabe des Gehalts an festen oder gasförmigen Stoffen in einer Lösung.

Die Massenkonzentration *β* ist der Quotient aus der Masse eines gelösten Stoffes und dem Volumen der Lösung. Ihre Einheit ist g/l.

Messen der Löslichkeit Um z. B. die Löslichkeit von Kaliumnitrat in Wasser zu bestimmen, wird bei verschiedenen Temperaturen untersucht, wie viel Gramm Kaliumnitrat hinzugefügt und gelöst werden können, bis sich schließlich ein unlöslicher Bodensatz bildet. Die Messwerte werden zunächst in einer Tabelle festgehalten. Die Daten lassen sich anschaulich in Löslichkeitskurven darstellen. Mithilfe solcher Kurven können die Löslichkeiten verschiedener Stoffe besonders gut miteinander verglichen werden.

Löslichkeit von gasförmigen Stoffen in Wasser bei 1013 hPa

Sauerstoff		Kohlenstoffdioxid	
Temperatur in °C	Löslichkeit in mg/l	Temperatur in °C	Löslichkeit in mg/l
0	69,9	0	3386
10	54,3	10	2367
20	44,1	20	1735
30	37,5	30	1314
40	33,0	40	1046
50	29,7	50	854

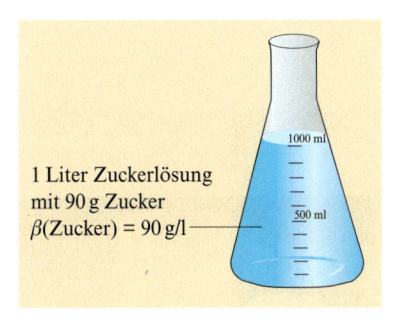

1 Liter Zuckerlösung mit 90 g Zucker
$\beta(\text{Zucker}) = 90\,g/l$

2 Angabe der Massenkonzentration

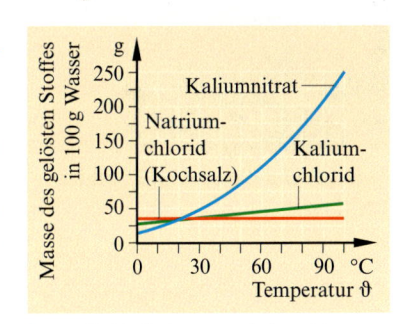

3 Löslichkeitskurven einiger Feststoffe in Wasser

Aufgaben

1 Vergleiche die Löslichkeit der Stoffe in Wasser. Wie viel Gramm eines Stoffes lösen sich bei 30 °C, 50 °C und 70 °C. ↑3

2 Erstelle Diagramme mit Löslichkeitskurven von Sauerstoff und Kohlenstoffdioxid. Nutze dazu die Tabelle. Vergleiche die Kurven. Formuliere eine allgemeine Aussage zur Löslichkeit von gasförmigen Stoffen bei unterschiedlichen Temperaturen.

3 Eine Limonade enthält 70 g gelösten Zucker je Liter. Welche Massenkonzentration hat die Limonade? Wie ließe sich ein halber Liter herstellen?

4 Berechne für 250 ml wässriger Lösung jeweils die Masse des gelösten Stoffes.
– Sirup mit $\beta(\text{Zucker}) = 40\,g/l$
– Lösung mit $\beta(\text{Kochsalz}) = 28\,g/l$

Saure und alkalische Lösungen

Blaukraut bleibt Blaukraut und Brautkleid bleibt Brautkleid. – Ist die Aussage über das Blaukraut in dem Zungenbrecher wirklich richtig?
Ein und dasselbe Gemüse wird im Süden Deutschlands als Blaukraut, im Norden hingegen als Rotkohl bezeichnet.
Warum sind beide Bezeichnungen berechtigt? Warum ist diese Kohlart mal rot und mal blau gefärbt? Gibt es Stoffe, bei deren Zugabe sich die Farbe des Kohls verändert?

1 Blaukraut oder Rotkohl?

2 Angenehm sauer schmeckender Fruchtsaft

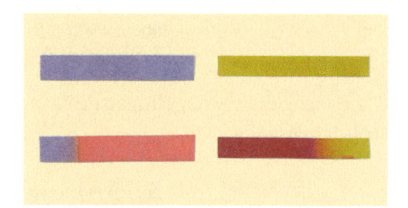

3 Lackmuspapier und Universalindikatorpapier vor und nach Auftropfen einer sauren Lösung

Saure Lösungen Beim Verkosten verschiedener Fruchtsäfte ist dir sicher schon aufgefallen, dass sich deine Mundwinkel manchmal etwas zusammenziehen. Zitronensaft, Orangensaft, Sauerkirschsaft und auch Essig haben eine Gemeinsamkeit, sie schmecken sauer. Bei all diesen Flüssigkeiten handelt es sich um wässrige Lösungen, die als **saure Lösungen** bezeichnet werden.

Nachweis saurer Lösungen Schon im Altertum wussten die Menschen, dass manche Farbstoffe, die zum Färben von Textilien eingesetzt wurden, in sauren Lösungen ihre Farbe ändern. Solche Farbstoffe können zum Nachweis saurer Lösungen benutzt werden. Sie werden **Indikatoren** (lat. indicator – Anzeiger) genannt. Jeder Indikator zeigt eine typische Farbänderung. Bei Zugabe saurer Lösungen zu Lackmusfarbstoff, einem Stoff der aus einer Gebirgsflechte gewonnen wird, lässt sich ein Farbumschlag von Violett nach Rot beobachten. Universalindikator ist ein Farbstoffgemisch. Gelbe, orange und rote Farben zeigen hier saure Lösungen an. ↑E.16 S.49 Es gibt auch Papierstreifen, die mit der Indikatorlösung getränkt und getrocknet worden sind. Diese Indikatorpapiere müssen vor ihrer Verwendung angefeuchtet werden. ↑E.17 S.49 Auch Farbstoffe aus Rotkohl, roten Beten oder schwarzem Tee ändern bei Zugabe von sauren Lösungen die Farbe. Wird Rotkohl zusammen mit etwas Essig und einem sauren Apfel gekocht, färbt er sich rot. ↑E.18 S.49

Unbekannte Lösungen sind grundsätzlich mit einem Indikator zu prüfen. Viele saure Lösungen wirken stark ätzend. Eine Geschmacksprobe kann zu schweren gesundheitlichen Schäden führen.

Saure Lösungen sind wässrige Lösungen. Sie bewirken bei Indikatoren eine charakteristische Farbänderung und sind dadurch nachweisbar.

Saure und alkalische Lösungen

Alkalische Lösungen Die wässrigen Lösungen von Abflussreiniger, Backofenreiniger, aber auch Seifenwasser und Natronlauge bewirken im Vergleich zu sauren Lösungen eine andere Farbänderung der Indikatoren. Diese Lösungen färben Universalindikator und Lackmus blau und Phenolphthalein rotviolett. ↑E.20,21 S.49 Lösungen, die dieses Verhalten zeigen, werden als **alkalische Lösungen** bezeichnet.
Ebenso wie saure Lösungen wirken basische Lösungen ätzend und bakterientötend, weshalb sie in Reinigungsmitteln verwendet werden.

Der pH-Wert Bisher können wir von einer Lösung nur sagen, ob sie sauer oder alkalisch ist. Wir können jedoch keine Aussage darüber machen, wie sauer oder wie alkalisch sie ist.
Der **pH-Wert** ist eine Zahlenangabe zur genauen Kennzeichnung des sauren oder alkalischen Verhaltens einer Lösung. Er kann mit einem pH-Meter gemessen werden. Der angezeigte Zahlenwert drückt aus, wie stark oder schwach sauer oder alkalisch eine Lösung ist. Ein Universalindikator zeigt durch unterschiedliche Farbänderungen den pH-Wert an. Über den Vergleich mit einer Farbskala lässt sich der Zahlenwert zuordnen. Die pH-Skala umfasst den Bereich von pH = 0 bis pH = 14. Der pH-Wert einer sauren Lösung ist kleiner als 7. Lösungen mit einem pH-Wert größer als 7 sind alkalisch. Lösungen, die weder sauer noch alkalisch sind, werden als **neutrale Lösungen** (lat. neutrum – keins von beiden) bezeichnet. Ihr pH-Wert ist 7.

Schon gewusst?

Das Wasser aus ägyptischen Salzseen und die durch Auslaufen von Pflanzenasche entstandenen Lösungen wurden schon im Altertum zum Waschen und wegen ihrer ätzenden Wirkung zum Gerben von Tierhäuten genutzt. Solche Stoffe wurden mit dem arabischen Wort „al calia" bezeichnet. Daraus entwickelte sich die Bezeichnung alkalische Lösung.

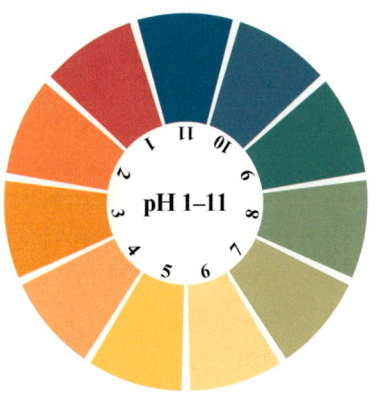

4 Saure, neutrale und alkalische Lösungen mit Universalindikator

5 Universalindikator-Vergleichsskala für den Bereich pH = 1 bis pH = 11

Der pH-Wert ist eine Zahlenangabe zur Kennzeichnung von sauren, alkalischen und neutralen Lösungen. Saure Lösungen weisen einen pH-Wert von kleiner als 7, alkalische einen von größer als 7 auf. Neutrale Lösungen besitzen einen pH-Wert von 7.

Aufgaben

1. Warum darf im Chemieunterricht der mögliche saure Geschmack einer Lösung nicht geprüft werden?
2. Nenne weitere saure Lösungen, die dir im Alltag schon begegnet sind?
3. Auch bei unserer Verdauung sind saure Lösungen beteiligt. Informiere dich, wo diese zu finden sind und welche Funktion sie haben.
4. Erläutere, wozu Indikatoren dienen.
5. Erläutere die Wirkung von Rotkohlsaft als Indikator. Unter welchen Bedingungen ist die Farbe des Kohls rot und unter welchen blau?
6. Weise verschiedenen pH-Werten die Begriffe schwach sauer, sauer, alkalisch, stark alkalisch zu.

Trinkwasser und Abwasser

Über zwei Drittel der Erde sind von Wasser bedeckt. Davon sind allerdings nur 2,4% Süßwasser. Süßwasser befindet sich vor allem im Eis der Polkappen und Gletscher. Den Rest bilden Grundwasser, Wasser der Bäche, Flüsse und Seen sowie das Wasser in oberen Bodenschichten und in der Atmosphäre. Von all diesen Süßwasservorräten können aber nur 10% zur Trinkwassergewinnung verwendet werden.

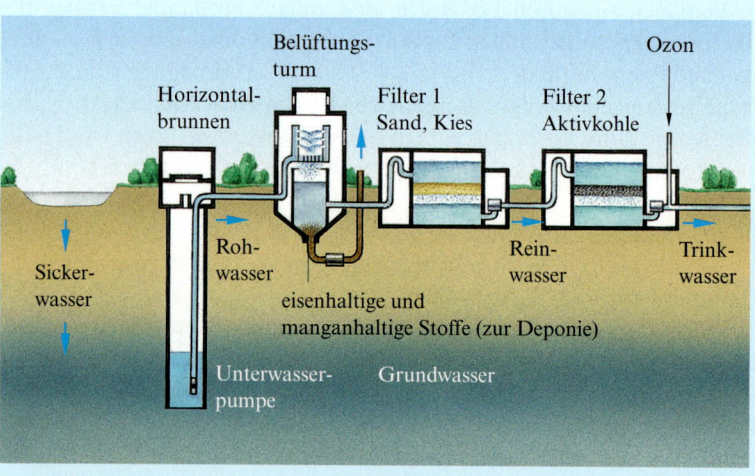

1 Gewinnung von Trinkwasser aus Flusswasser

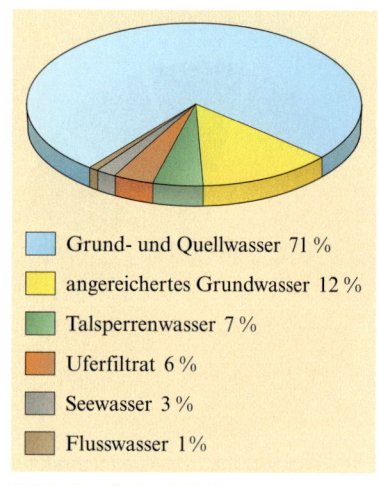

- Grund- und Quellwasser 71 %
- angereichertes Grundwasser 12 %
- Talsperrenwasser 7 %
- Uferfiltrat 6 %
- Seewasser 3 %
- Flusswasser 1 %

2 Herkunft des Trinkwassers in Deutschland

Trinkwassergewinnung und Trinkwasseraufbereitung Unser wichtigstes Lebensmittel ist **Trinkwasser**. Es soll klar, farblos und geruchlos sein. Zudem soll es gut schmecken und keine Krankheitserreger enthalten. Am besten erfüllen Quellwasser und Grundwasser diese Anforderungen. Da sie aber nicht überall in ausreichendem Maße zur Verfügung stehen, wird auch Oberflächenwasser verwendet. ↑2 In Niedersachsen sind das 85% Grundwasser und 15% Oberflächenwasser. Große Bedeutung haben die Harzwasserwerke, die den Raum von Göttingen bis Bremen mit Trinkwasser versorgen und jährlich etwa 80 Mio. m^3 Wasser in drei Talsperren und vier Grundwasserwerken aufbereiten.
Grundwasser wird in Tiefbrunnen gewonnen. Oberflächenwasser aus Flüssen und Seen wird in mit Kies und Sand gefüllten Becken gefiltert, um grobe Verunreinigungen zu entfernen. Das so erhaltene Rohwasser wird in Wasserwerken zu Trinkwasser aufbereitet. ↑1
Das gefilterte Rohwasser wird in Belüftungstürmen fein versprüht. Dadurch reichert es sich mit Sauerstoff an. Durch Zusatz von Ozon werden mögliche Krankheitskeime abgetötet und organische Stoffe abgebaut. In weiteren Filtern werden Stoffe zurückgehalten, die das Wasser trüben, färben oder Geruch und Geschmack beeinflussen könnten. Um das Wasser auf seinem langen Weg in die Haushalte zu schützen, wird noch eine geringe Menge Chlor hinzugefügt, das aber gesundheitlich völlig unbedenklich ist. Trinkwasser enthält noch viele mineralische Stoffe und auch gelöste Gase, z. B. Sauerstoff. Deshalb ist Trinkwasser kein reiner Stoff, sondern ein Stoffgemisch.

Rohwasser zur Trinkwasseraufbereitung wird aus Grundwasser und Oberflächenwasser gewonnen.

3 Kennzeichen für ein Trinkwasserschutzgebiet

Trinkwasser und Abwasser

Abwasser und Abwasseraufbereitung Das den Haushalt verlassende trübe und schmutzige Wasser wird als **Abwasser** bezeichnet. Es darf nicht sofort in natürliche Gewässer gelangen, da deren Selbstreinigungsvermögen überfordert wäre. Deshalb wird Abwasser in der Kanalisation gesammelt und in Kläranlagen weitergeleitet. In den Kläranlagen erfolgt die Reinigung des Abwassers durch mechanische, biologische und chemische Reinigungsverfahren. In der mechanischen Reinigungsstufe werden grobe Verunreinigungen bis zu einer Größe von etwa 15 mm entfernt. Feste, feinkörnige Stoffe, wie Gemüsereste, Kot und Textilreste, setzen sich am Boden des Vorklärbeckens als Klärschlamm ab. In der biologischen Reinigungsstufe zersetzen Bakterien die organischen Verunreinigungen. Dazu benötigen die Bakterien Sauerstoff. Nach der biologischen Reinigung sind etwa 90% der Verunreinigungen aus dem Abwasser entfernt.

In der anschließenden chemischen Reinigungsstufe werden gelöste, das Wasser gefährdende Stoffe abgetrennt. In den Fällungsbecken bilden sich mit einem Flockungsmittel schwer lösliche Stoffe, die durch Filtration aus dem Wasser entfernt werden.

Im Anschluss darf das gereinigte Abwasser in Oberflächengewässer eingeleitet werden. Der bei der Abwasserreinigung anfallende Klärschlamm kann zur Herstellung von Faulgas (Biogas) oder zur Düngung von Wiesen verwendet werden. Gegenwärtig werden etwa 90% der Abwässer in kommunalen und industriellen Kläranlagen gereinigt.

4 Wasserwerk Granetalsperre im Harz

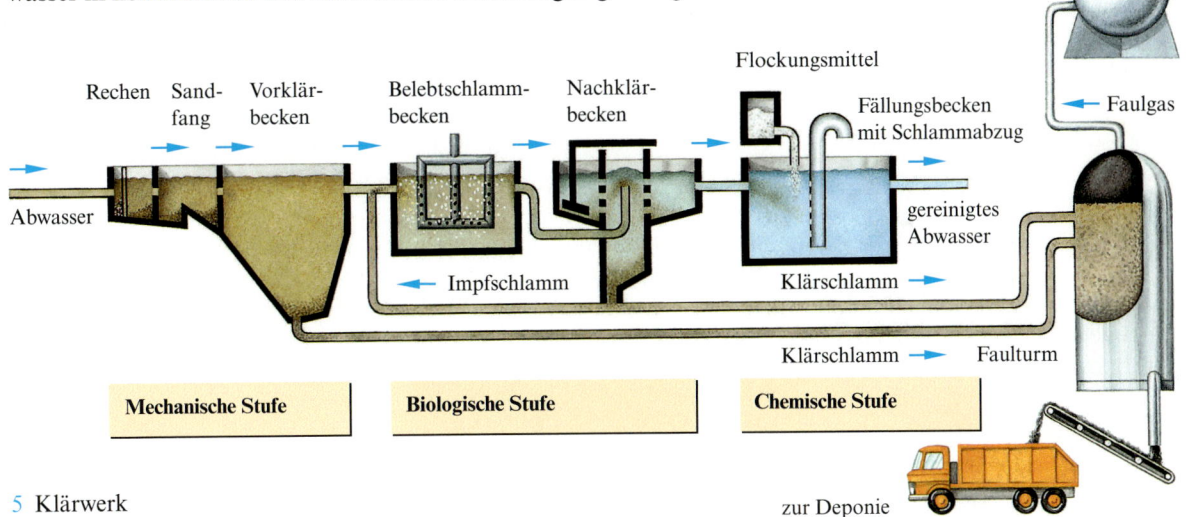

5 Klärwerk

Aufgaben

1 In verschiedenen Ländern wird aus Salzwasser Trinkwasser gewonnen. Überlege, wie das mit einfachen Mitteln realisiert werden kann.

2 Abwasser muss immer einer Kläranlage zugeführt werden. Begründe die Notwendigkeit dieser Maßnahme.

3 Informiere dich über die Bedeutung der Kennzeichnung „Trinkwasserschutzgebiet". ↑3

4 Informiere dich über die Trinkwasserversorgung in deinem Heimatort. Nutze dazu die Internetseiten der Wasserwerke.

5 Erkundige dich, welche Kläranlage für die Reinigung häuslicher Abwässer in deinem Heimatort zuständig ist. Welche Reinigungsstufen sind dort vorhanden?

STOFFGEMISCHE — selbst erforscht

Wohin mit dem Müll?

Zusammensetzung von Hausabfällen in Deutschland:
- kompostierbare Abfälle 40 %
- Papier, Pappe 20 %
- Verbundstoffe 10,5 %
- Feinmüll 10 %
- Glas 10 %
- Kunststoffe 5 %
- Schrott 4 %
- Schadstoffe 0,5 %

2 Zusammensetzung von Hausabfällen in Deutschland

1 Mülldeponie

Uwe ist ein „Müll-Angler". Während andere Fische an Land ziehen, fischt Uwe Dosen, Flaschen und Plastiktüten aus dem Wasser. Schlimm, was alles ins Wasser geworfen wird. Uwe sortiert den Abfall und entsorgt ihn. Es wäre schön, wenn noch mehr Menschen so handeln würden. Oder müssen wir bald in unserem Abfall ersticken? Was meint ihr dazu?

Info

Die Abfallmengen und Abfallarten haben sich in den letzten Jahren stark verändert. Während früher viele Nahrungsmittel unverpackt verkauft, Papierabfälle verbrannt und Küchenabfälle verfüttert wurden, wandern heute die meisten Abfälle in die Mülltonne und lassen damit die Müllberge weiter wachsen. Jeder Bundesbürger verursacht gegenwärtig im Jahr etwa 400 kg Hausabfall und 50 kg Sperrmüll. Würde der Inhalt der Mülltonnen aller Bundesbürger in einem Jahr auf einen Haufen geschüttet, so entstünde ein Abfallberg so hoch wie das Matterhorn (4 505 m).

→ Welche Abfallmengen fallen wöchentlich zu Hause, in der Schule bzw. im Wohnort an?
→ Was passiert bei der Abfallsortierung?
→ Was ist Sondermüll und wie erfolgt seine Entsorgung?

3 Abfallverbrennungsanlage

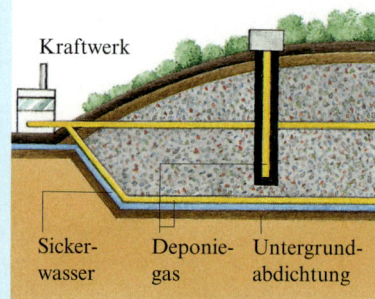

4 Schema einer Abfalldeponie (Kraftwerk, Sickerwasser, Deponiegas, Untergrundabdichtung)

Materialien für die Projektbearbeitung Nutzt die auf diesen Seiten enthaltenen Informationen sowie Materialien aus anderen Quellen zur Bearbeitung eurer Fragen.

Wohin mit dem Müll?

1 Sortiere Abfall (Modellversuch).
Eine „Abfalltonne" (Becherglas 1000 ml) enthält folgende Stoffe: Papierschnipsel, Kies, Nägel, Styroporreste von Verpackungen, Bonbonpapier. Entwickle einen Plan für die Durchführung der Abfallsortierung. Baue eine Anlage auf. Interpretiere dein Ergebnis.
Vergleiche die Trennverfahren im Modellversuch mit denen in einer Abfallsortieranlage.

2 Ermittle wasserundurchlässige Schichten.
Fülle Standzylinder jeweils etwa bis zur Hälfte mit Kies, Sand, Lehm, Ton oder Mergel. Drücke die Schicht fest an und gieße danach bis zum oberen Rand Wasser zu. Beobachte.
Fertige ein Protokoll an. Entscheide, welche Schicht als Basisabdichtung für eine Deponie geeignet wäre. Begründe.

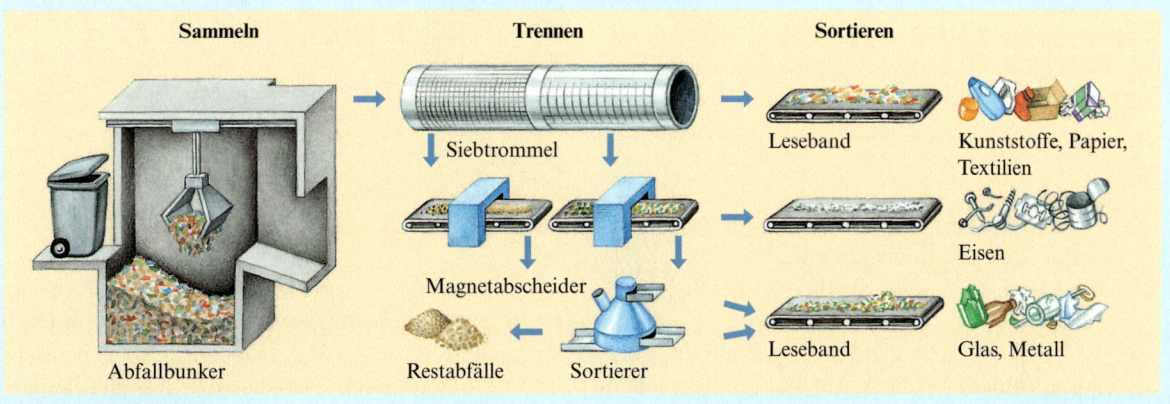

5 Abfallsortieranlage

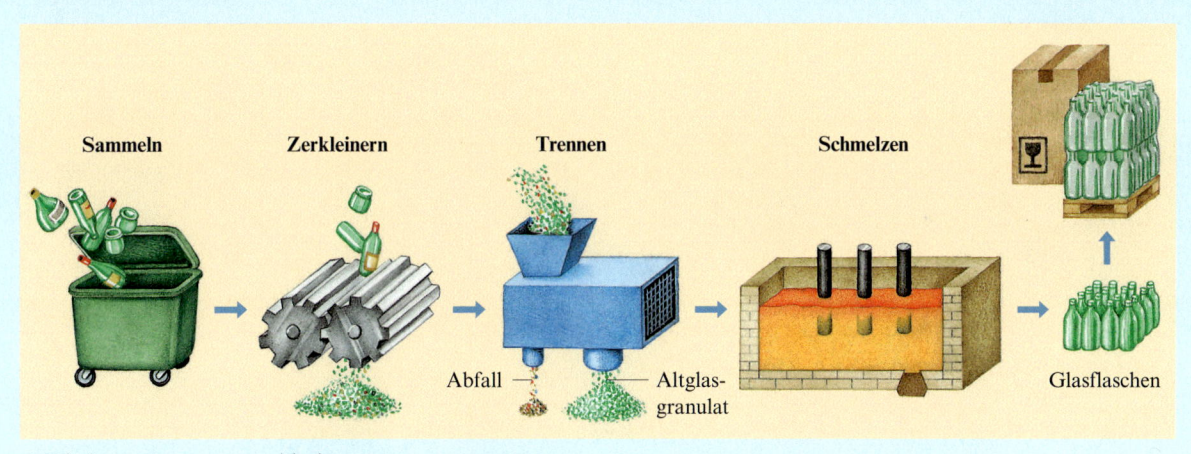

6 Wiederverwertung von Altglas

7 Schulranzen – Material zu 95 % recycelbar

Hinweise für die Projektarbeit Einigt euch über die Art der Bearbeitung. Ihr könnt z. B. Arbeitsgruppen bilden. Dabei befasst sich eine Gruppe vor allem mit Fragen der Abfallvermeidung, eine zweite untersucht die Möglichkeiten der Abfallverwertung und eine weitere Gruppe erkundet die Abfallbeseitigung. Stellt eure Ergebnisse zusammen und überlegt, wie ihr diese der Öffentlichkeit vorstellen könnt.

Stoffen auf der Spur

Eine Gruppe von Schülern führt ein Streitgespräch. Ines behauptet, Fälschungen durch zusätzliche Eintragungen auf Urkunden oder Schecks seien leicht zu entlarven. Sie kann aber nicht alle Mitschüler überzeugen. Wer hat Recht?

→ Woran ist zu erkennen, ob mit zwei verschiedenen Stiften geschrieben wurde?
→ Sind Farbstoffe reine Stoffe oder Stoffgemische?
→ Welche Verfahren wendet die Kriminalpolizei an, um einem Verdacht auf Fälschung nachzugehen?

1 Scheckbetrug oder nur schlecht geschrieben?

Materialien für die Projektbearbeitung Die Lösung der Projektaufgaben erfordert den Einsatz von Experimenten. Nutzt dazu Angaben in Experimentierbüchern und anderen Quellen sowie das hier bereitgestellte Material.

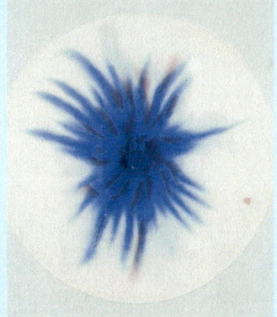

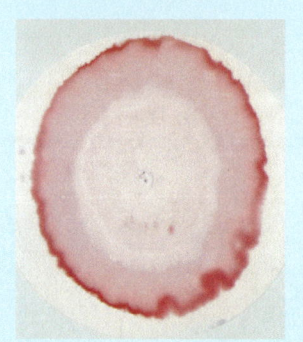

2 Chromatogramme von verschiedenen Farbstiften

Info

Chromatografie. Ein Verfahren zum Nachweis eines Stoffes in einem Stoffgemisch ist die **Chromatografie** (griech. chroma – Farbe; graphein – schreiben). Damit lassen sich selbst winzige Spuren eines Stoffes in einem Stoffgemisch nachweisen.
Das Stoffgemisch muss in einem Lösemittel (Laufmittel) löslich sein. Die zu untersuchenden Proben können z. B. auf saugfähigem Papier aufgetragen werden. Das Papier wird in das Laufmittel gestellt. Das Laufmittel breitet sich im Papier aus, löst das Stoffgemisch und führt es mit sich. Dabei werden die Teilchen der verschiedenen Stoffe unterschiedlich stark vom Papier zurückgehalten. Es bilden sich auf dem Papier Zonen, die nur Teilchen eines Stoffes enthalten. Das Farbbild, das entsteht, heißt **Chromatogramm**. ↑4

Der deutsche Chemiker FRIEDLIEB FERDINAND RUNGE (1795 bis 1867) entdeckte 1850, dass beim Aufbringen von Farblösungen auf Fließpapier unterschiedliche Farbringe entstehen. ↑2 Diese Art von Bildern werden heute noch als „RUNGE-Bilder" bezeichnet.
Obwohl es RUNGE nicht bewusst war, hatte er damit die Grundlage für ein wichtiges Trennverfahren, die **Papierchromatografie**, geschaffen.

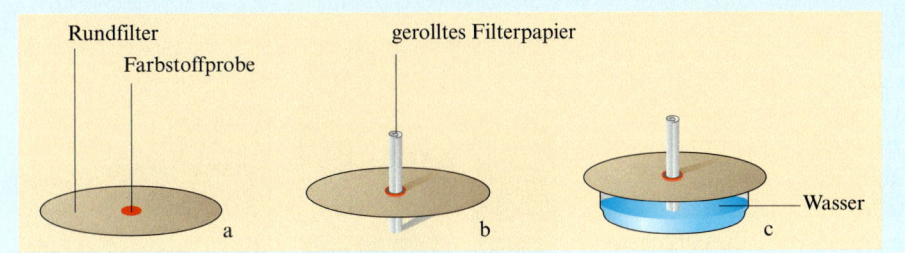

Stoffen auf der Spur

Bildunterschrift zu Abbildung: Rundfilter – Farbstoffprobe (a); gerolltes Filterpapier (b); Wasser (c)

3 Abbildung zu Experiment 1

1 Untersuche Farbstoffe in Filzstiften.
Male mit verschiedenen Filzstiften (gleiche Farbe, unterschiedliche Hersteller, wasserlöslich) je einen dicken Punkt mitten auf einen Rundfilter. ↑3a Bohre mit der Bleistiftspitze ein Loch durch den Punkt. Rolle einen Filterpapierstreifen zu einem Docht zusammen und stecke ihn durch das Loch. ↑3b Lege den Rundfilter auf eine mit Wasser gefüllte Petrischale, sodass der Docht in das Wasser taucht. ↑3c Fertige ein Protokoll an. Vergleiche die Chromatogramme.

2 Ermittle die Zusammensetzung verschiedener Farbstoffe.
Untersuche wasserlösliche Farbstoffe in Tinte, Filzstiften, Zeichentusche und Wasserfarben. Fertige ein Protokoll an. Vergleiche die Chromatogramme. Untersuche in gleicher Weise wasserunlösliche Farbstoffe von Filzstiften. Wie müssen die Untersuchungen verändert werden? Führe die Experimente durch.

3 Untersuche den Farbstoff grüner Blätter.
Wie kannst du aus Brennnesselblättern grünen Pflanzenfarbstoff gewinnen? Prüfe den gewonnenen Pflanzenfarbstoff mithilfe der Papierchromatografie. Verwende dabei Brennspiritus (F) als Laufmittel. Fertige ein Protokoll an.

Bildunterschrift: Zu Beginn – Nach erfolgter Trennung; Filterpapier, Lösemittelfront, Farbstoffgemisch, gelöst in Lösemittel

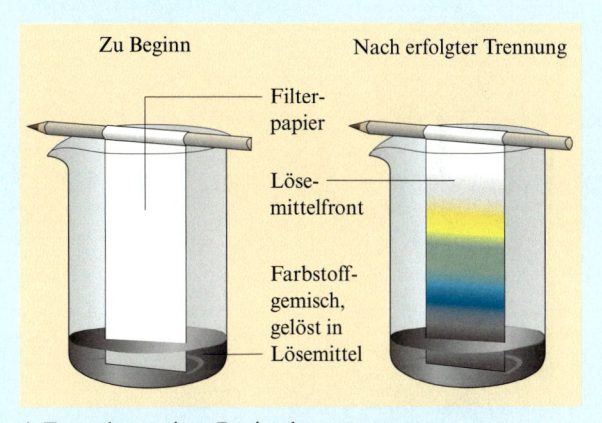

4 Entstehung eines Papierchromatogramms

Hinweise für die Projektarbeit
Erarbeitet euch entsprechende Untersuchungsschwerpunkte. Bereitet alle Experimente sorgfältig vor und lasst die Versuchsanordnung stets vor Beginn des Arbeitens von der Lehrerin oder dem Lehrer abnehmen. Überlegt, wie ihr die Ergebnisse präsentieren wollt.

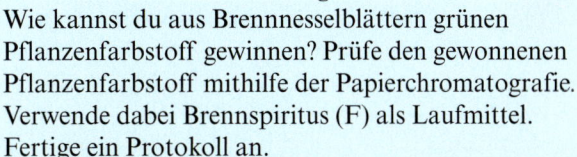

5 Farbstofflösungen von Filzstiften

weiter gedacht

STOFFGEMISCHE

1 Stelle zu Hause Brausepulver her. Verwende dazu feste Citronensäure aus der Apotheke, Zucker und Natron. Außerdem ist die Verwendung von Vanillinzucker und ein bis zwei Tropfen Fruchtaroma, z. B. Himbeere, möglich.
Informiere dich über die Mengen der Stoffe, die du verwenden willst. Beschreibe, wie du vorgehst. Überlege, wie du daraus ein Brausegetränk herstellen könntest.

2 Im Baumarkt wird geraten, zum Streichen von Innen- oder Außenwänden eine Dispersionsfarbe zu verwenden.

Informiere dich, was unter Dispersionsfarben bzw. unter Dispersionen zu verstehen ist. Begründe den Hinweis, dass die Farbe vor Gebrauch gründlich umgerührt oder geschüttelt werden muss.

3 Die folgenden Abbildungen zeigen Beispiele für Stoffgemische. Benenne diese Stoffgemische und ordne die Beispiele nach homogenen und heterogenen Stoffgemischen.

4 Erläutere die Vorgänge des Eindampfens und des Destillierens mithilfe des Teilchenmodells.

5 In der Provence (Frankreich) gibt es große Lavendelfelder. Aus den Blüten werden Duftstoffe gewonnen und zu Parfüm verarbeitet.

Stelle Lavendelwasser her.
Gib 15 g Lavendelblüten in einen 100-ml-Erlenmeyerkolben. Versetze die Blüten mit 50 ml Ethanol (F). Verschließe den Erlenmeyerkolben mit einem Stopfen und lass ihn ruhen.
Filtriere die Lösung nach etwa vier Wochen und gib nun zum Filtrat noch 10 ml destilliertes Wasser hinzu.
Prüfe den Geruch. Welches Trennverfahren wird genutzt? Informiere dich, wie die Gewinnung von Lavendelöl industriell erfolgt.

6 Süßwasserfische leben in Gewässern mit einem pH-Wert zwischen 6 und 8, Meeresfische bevorzugen pH-Werte zwischen 8,2 und 8,4.
Was versteht man unter Süßwasser und Meerwasser?
Auf welche Eigenschaft des Wassers ist der Unterschied beider Wasserarten zurückzuführen?
Wie nennt man Lösungen mit einem pH-Wert, der kleiner bzw. größer als 7 ist?

Stoffgemische

Auf einen Blick

Einteilung der Stoffe

Stoffe

Reinstoffe:
– bestehen aus einer Stoffart
– können nicht weiter getrennt werden
– haben einheitlich gleich bleibende Eigenschaftskombinationen

Stoffgemische:
– bestehen aus mindestens zwei Reinstoffen
– können in Reinstoffe getrennt werden
– haben keine einheitlich gleich bleibenden Eigenschaftskombinationen

Arten von Stoffgemischen

Heterogene Stoffgemische: Reinstoffe noch erkennbar		Homogene Stoffgemische: Reinstoffe nicht mehr erkennbar	
Suspension	Rauch	Gasgemisch	Legierung
Gemenge	Emulsion	Lösung (flüssig/fest)	Lösung (flüssig/flüssig)

Wichtige Trennverfahren	Sieben, Sedimentieren, Dekantieren, Filtrieren, Eindampfen, Destillieren, Adsorbieren, Zentrifugieren, Chromatografieren
Saure, alkalische und neutrale Lösungen	Wässrige Lösungen können sauer, neutral oder alkalisch sein. Beispielsweise sind Lösungen von Fruchtsäften sauer, Seifenlösungen sind alkalisch. Sie sind durch Indikatoren nachweisbar.
Indikatoren	Farbstoffe, die in sauren oder alkalischen Lösungen eine typische Farbänderung zeigen
pH-Wert	Der pH-Wert ist eine Zahlenangabe zur genauen Kennzeichnung des sauren, neutralen oder alkalischen Verhaltens einer Lösung.

Check up

1 Nenne wesentliche Eigenschaften, die einen Stoff charakterisieren.

2 Auf welchen Stoff trifft folgende Eigenschaftskombination zu?
Der Stoff ist fest, hat eine glatte Oberfläche, sieht silbrig aus, ist geruchlos, nicht wasserlöslich, leitet den elektrischen Strom, Schmelztemperatur 419 °C, Siedetemperatur 906 °C, Dichte 7,14 g/cm^3.

3 Von einem Stoff gibt man nur die Schmelz- und die Siedetemperatur an. Warum nicht auch seine Erstarrungs- und Kondensationstemperatur?

4 Beschreibe die Übergänge von Eis zu Wasser und von Wasser zu Wasserdampf mithilfe des Teilchenmodells vom Bau der Stoffe.

5 Bei der Zubereitung einer Salatsoße breitet sich schnell ein Essiggeruch in der Küche aus. Erkläre diese Beobachtung.

6 Erläutere den Unterschied zwischen einem Reinstoff und einem Stoffgemisch.

7 Folgende Stoffe liegen vor: Ackerboden, Kupferblech, Luft, Kochsalzlösung, Apfelsaft (klar), Eisenschraube, Orangennektar, Schmuckgold, Schwefelpulver, destilliertes Wasser, Mayonnaise.
a Ordne nach Reinstoffen und Stoffgemischen.
b Benenne für die ermittelten Stoffgemische jeweils die Art des Stoffgemisches und gib an, ob es sich um ein homogenes oder heterogenes Stoffgemisch handelt.

8 Auf einigen Verpackungen von Medikamenten ist zu lesen: Vor dem Gebrauch schütteln.
a Ordne diese Medikamente einer Stoffgemischart zu.
b Was ist zu erwarten, wenn man diese Medikamente längere Zeit stehen lässt?

9 Vorratsgefäße für Chemikalien sind ordnungsgemäß zu beschriften. Grundsätzlich dürfen Chemikalien nicht in Gefäße für Lebensmittel abgefüllt werden. Begründe diese Forderungen.

10 30 ml Olivenöl wiegen 27,6 g. Berechne die Dichte von Olivenöl.

11 Experimentell wurde ermittelt, dass Seifenlösung einen pH-Wert von 8,7, Apfelsaft von 3,8 und destilliertes Wasser von 7 besitzt.
a Gib an, welche Lösung sauer, alkalisch bzw. neutral ist, und begründe deine Angabe.
b Erläutere was unter dem pH-Wert verstanden wird.

12 Überlege, wie du mit den folgenden Materialien eine Minikläranlage zur Reinigung von mit Erde verschmutztem Wasser bauen könntest.
Materialien: vier Blumentöpfe, 500-ml-Becherglas, Kaffeefilter, grobe und feine Steine, Sand, Aktivkohle.
a Fertige eine Skizze vom Bau der Minikläranlage an und beschrifte sie.
b Nenne die Trennverfahren und die zum Trennen genutzte Eigenschaft.

Aufgabe	Hilfe findest du auf Seite …	Verbindung der Aufgabe zu den Basiskonzepten ↑S.16
1	22, 23, 26, 27	T
2	28	T
3	27	T
4	34	T
5	33	S
6	40	S
7	41	S
8	41	S
9	10	T
10	26	T
11	52, 53	T
12	42, 43, 44, 55	T

T Stoff-Teilchen-Beziehungen,
S Struktur-Eigenschafts-Beziehungen

▸ Die Lösungen findest du im Anhang.

Anhang

Übersicht über die Größenordnung von Gegenständen und Entfernungen, vom Atomkern bis zum Radius des Weltalls

10^{25} m	
10^{24} m	
10^{23} m	
10^{22} m	
10^{21} m	
10^{20} m	Galaxis
10^{19} m	
10^{18} m	
10^{17} m	Entfernung zum nächsten Fixstern
10^{16} m	
10^{15} m	
10^{14} m	
10^{13} m	Entfernung Erde – Pluto
10^{12} m	
10^{11} m	Entfernung zur Sonne
10^{10} m	Jupiter
10^{9} m	
10^{8} m	
10^{7} m	Erde
10^{6} m	Mount Everest
10^{5} m	Entfernung Hanover – München
10^{4} m	
10^{3} m	
10^{2} m	Turm
10^{1} m	Baum
1 m	Mensch
10^{-1} m	Hand
10^{-2} m	Kirsche
10^{-3} m	CD-Stärke
10^{-4} m	Papierstärke
10^{-5} m	Haarstärke
10^{-6} m	Bakterium
10^{-7} m	
10^{-8} m	
10^{-9} m	Butanmolekül
10^{-10} m	Atom
10^{-11} m	
10^{-12} m	
10^{-13} m	
10^{-14} m	Atomkern

Lösungen zu den Check-up-Aufgaben

Was ist Chemie? I Stoffe und ihre Eigenschaften I Stoffgemische (Seite 62)

1 Eigenschaften, die einen Stoff charakterisieren, sind z.B. Farbe, Geruch, elektrische Leitfähigkeit, Löslichkeit, Dichte, Siedetemperatur und Schmelztemperatur.

2 Die Eigenschaftskombination trifft auf den Stoff Zink zu.

3 Sowohl die Schmelz- und Erstarrungstemperatur als auch die Siede- und Kondensationstemperatur eines Stoffes stimmen überein, sodass die Angabe von Schmelz- und Siedetemperatur ausreicht.

4 Im Eis sind die Wasserteilchen regelmäßig angeordnet. Die Teilchen schwingen um ihre Plätze. Erwärmt man das Eis, so werden die Schwingungen heftiger. Bei 0 °C schwingen die Teilchen so stark, dass die starre Ordnung zusammenbricht. Das Eis schmilzt, es wird zu Wasser. Im flüssigen Wasser sind die Teilchen unregelmäßig fest angeordnet. Sie bewegen sich hin und her und verschieben sich dabei gegeneinander. Erwärmt man Wasser, so wird die Bewegung der Teilchen heftiger. Einzelne Wasserteilchen verlassen die Wasseroberfläche. Das Wasser verdunstet. Wenn die Siedetemperatur von 100 °C erreicht ist, bewegen sich die Wasserteilchen so stark und die Abstände zwischen ihnen werden so groß, dass sich die Teilchen voneinander trennen. Das Wasser verdampft, es entsteht Wasserdampf.

5 Der Essiggeruch in der Küche ist auf die selbstständige Durchmischung von Essigteilchen mit den Teilchen der Luft zurückzuführen. Dieser Vorgang wird als Diffusion bezeichnet. Die Ursache dafür ist die ständige regellose Bewegung der Essigteilchen und der Teilchen der Luft.

6 Ein Reinstoff besteht nur aus einer Stoffart, hat einheitlich gleich bleibende Eigenschaften und kann nicht weiter getrennt werden.
Ein Stoffgemisch besteht aus mindestens zwei Reinstoffen. Es hat keine einheitlich gleich bleibenden Eigenschaften und es kann wieder in Reinstoffe getrennt werden.

7 a)

Reinstoffe	Stoffgemische
Kupferblech	Ackerboden
Eisenschraube	Luft
Schwefelpulver	Kochsalzlösung
destilliertes Wasser	Apfelsaft (klar)
	Orangennektar
	Schmuckgold
	Mayonnaise

b)

Homogene Stoffgemische	
Stoffgemisch	Art des Stoffgemisches
Luft	Gasgemisch
Kochsalzlösung	Lösung
Apfelsaft (klar)	Lösung
Schmuckgold	Legierung

Heterogene Stoffgemische	
Stoffgemisch	Art des Stoffgemisches
Ackerboden	Gemenge (Feststoffgemisch)
Orangennektar	Aufschlämmung (Suspension)
Mayonnaise	Emulsion

8 a) Solche Medikamente sind Suspensionen.
b) Die Partikel des Feststoffes setzen sich wieder am Boden der Flasche ab. Die Suspension entmischt sich wieder.

9 Viele Chemikalien sind giftige, leicht brennbare oder ätzende Stoffe. Die Vorratsgefäße für Chemikalien sind deshalb so zu beschriften, dass der Inhalt genau gekennzeichnet ist, Gefahren eindeutig erkennbar sind und gesundheitliche Schäden vermieden werden können.
Behälter für Lebensmittel dürfen für die Aufbewahrung von Chemikalien nicht verwendet werden, da es dadurch leicht zu Verwechslungen und damit zu schweren Gesundheitsschäden oder zu Zerstörungen an Gegenständen kommen kann.

10 Gesucht: ϱ(Olivenöl)
Gegeben: m(Olivenöl) = 27,6 g;
V(Olivenöl) = 30 ml = 30 cm³
Lösung: $\varrho(\text{Olivenöl}) = \dfrac{m(\text{Olivenöl})}{V(\text{Olivenöl})}$

$\varrho(\text{Olivenöl}) = \dfrac{27{,}6 \text{ g/mol}}{30 \text{ cm}^3} = 0{,}92 \text{ g/cm}^3$

Ergebnis: Die Dichte des Olivenöls beträgt 0,92 g/cm³.

11 a) Seifenlösung ist alkalisch, destilliertes Wasser ist neutral, Apfelsaft ist sauer.
b) Der pH-Wert ist eine Zahlenangabe zur Kennzeichnung von sauren, alkalischen und neutralen Lösungen. Saure Lösungen weisen einen pH-Wert von kleiner als 7, alkalische einen von größer als 7 auf. Neutrale Lösungen besitzen ein pH-Wert von 7.

Lösungen

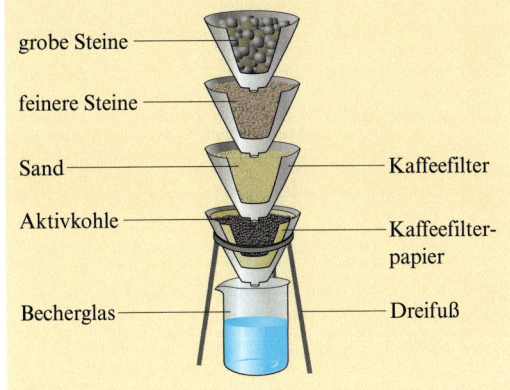

12 a)

grobe Steine
feinere Steine
Sand — Kaffeefilter
Aktivkohle — Kaffeefilterpapier
Becherglas — Dreifuß

Minikläranlage

b)

Trennverfahren	Zum Trennen genutzte Eigenschaft
Filtrieren	Partikelgröße
Adsorbieren	Anlagern von Stoffen an die Oberfläche eines anderen Stoffes

GEFAHRENSYMBOLE, GEFAHRENHINWEISE

Gefahrensymbole, Kennbuchstaben und Gefahrenbezeichnungen (Auswahl)

Die Gefahrenbezeichnungen werden durch die R-Sätze für die einzelnen Stoffe präzisiert (↗ unten).

T **Giftige Stoffe (sehr giftige Stoffe T+)** verursachen durch Einatmen, Verschlucken oder Aufnahme durch die Haut meist erhebliche Gesundheitsschäden oder gar den Tod.
Was tun? Nicht direkt berühren! Unwohlsein sofort dem Lehrer melden!

Xn **Gesundheitsschädliche Stoffe** können durch Einatmen, Verschlucken oder Aufnahme durch die Haut gesundheitsschädigend wirken.
Was tun? Nicht direkt berühren! Unwohlsein sofort dem Lehrer melden!

C **Ätzende Stoffe** zerstören das Hautgewebe oder die Oberfläche von Gegenständen.
Was tun? Berührung mit der Haut, Augen und Kleidung vermeiden! Dämpfe nicht einatmen!

Xi **Reizende Stoffe** haben Reizwirkung auf Haut, Augen und Atmungsorgane.
Was tun? Berührung mit Haut, Augen und Atmungsorganen vermeiden! Nicht einatmen!

F **Leicht entzündliche Stoffe (hochentzündliche Stoffe F+)** entzünden sich von selbst an heißen Gegenständen.
Zu ihnen gehören selbstentzündliche Stoffe, leicht entzündliche gasförmige Stoffe, brennbare Flüssigkeiten und Stoffe, die mit Feuchtigkeit brennbare Gase bilden.
Was tun? Vorsicht beim Umgang mit offenen Flammen und Warmequellen! Keine Berührung mit brandfördernden Stoffen!

O **Brandfördernde Stoffe** können brennbare Stoffe entzünden oder ausgebrochene Brände fördern.
Was tun? Kontakt mit brennbaren Stoffen vermeiden!

E **Explosionsgefährliche Stoffe** können unter bestimmten Bedingungen explodieren.
Was tun? Schlag, Stoß, Reibung, Funkenbildung und Hitzeeinwirkung vermeiden!

N **Umweltgefährliche Stoffe** sind sehr giftig, giftig oder schädlich für Wasserorganismen und können in Gewässern längerfristig schädliche Wirkungen haben. In der nichtaquatischen Umwelt sind sie giftig für Pflanzen, Tiere, Bodenorganismen und Bienen, können auf die Umwelt längerfristig schädliche Wirkungen haben und für die Ozonschicht gefährlich sein.
Was tun? Freisetzung der Stoffe in die Umwelt vermeiden, Stoffe der Problemabfallentsorgung zuführen!

Gefahrenhinweise (R-Sätze)

- R 1 In trockenem Zustand explosionsgefährlich
- R 2 Durch Schlag, Reibung, Feuer oder andere Zündquellen explosionsgefährlich
- R 3 Durch Schlag, Reibung, Feuer oder andere Zündquellen besonders explosionsgefährlich
- R 4 Bildet hochempfindliche explosionsgefährliche Metallverbindungen
- R 5 Beim Erwärmen explosionsfähig
- R 6 Mit und ohne Luft explosionsfähig
- R 7 Kann Brand verursachen
- R 8 Feuergefahr bei Berührung mit brennbaren Stoffen
- R 9 Explosionsgefahr bei Mischung mit brennbaren Stoffen
- R 10 Entzündlich
- R 11 Leicht entzündlich
- R 12 Hochentzündlich
- R 14 Reagiert heftig mit Wasser
- R 15 Reagiert mit Wasser unter Bildung hochentzündlicher Gase
- R 16 Explosionsgefährlich in Mischung mit brandfördernden Stoffen
- R 17 Selbstentzündlich an der Luft
- R 18 Bei Gebrauch Bildung explosionsfähiger / leicht entzündlicher Dampf-Luft-Gemische möglich
- R 19 Kann explosionsfähige Peroxide bilden
- R 20 Gesundheitsschädlich beim Einatmen
- R 21 Gesundheitsschädlich bei Berührung mit der Haut
- R 22 Gesundheitsschädlich bei Verschlucken
- R 23 Giftig beim Einatmen
- R 24 Giftig bei Berührung mit der Haut
- R 25 Giftig beim Verschlucken
- R 26 Sehr giftig beim Einatmen
- R 27 Sehr giftig bei Berührung mit der Haut
- R 28 Sehr giftig beim Verschlucken
- R 29 Entwickelt bei Berührung mit Wasser giftige Gase
- R 30 Kann bei Gebrauch leicht entzündlich werden
- R 31 Entwickelt bei Berührung mit Säure giftige Gase
- R 32 Entwickelt bei Berührung mit Säure sehr giftige Gase
- R 33 Gefahr kumulativer Wirkungen
- R 34 Verursacht Verätzungen
- R 35 Verursacht schwere Verätzungen
- R 36 Reizt die Augen
- R 37 Reizt die Atmungsorgane
- R 38 Reizt die Haut
- R 39 Ernste Gefahr irreversiblen Schadens
- R 40 Verdacht auf krebserzeugende Wirkung
- R 41 Gefahr ernster Augenschäden
- R 42 Sensibilisierung durch Einatmen möglich
- R 43 Sensibilisierung durch Hautkontakt möglich
- R 44 Explosionsgefahr bei Erhitzen unter Einschluss
- R 45 Kann Krebs erzeugen
- R 46 Kann vererbbare Schäden verursachen
- R 48 Gefahr ernster Gesundheitsschäden bei längerer Exposition
- R 49 Kann Krebs erzeugen beim Einatmen
- R 50 Sehr giftig für Wasserorganismen
- R 51 Giftig für Wasserorganismen
- R 52 Schädlich für Wasserorganismen
- R 53 Kann in Gewässern längerfristig schädliche Wirkungen haben
- R 54 Giftig für Pflanzen
- R 55 Giftig für Tiere
- R 56 Giftig für Bodenorganismen
- R 57 Giftig für Bienen
- R 58 Kann längerfristig schädliche Wirkungen auf die Umwelt haben
- R 59 Gefährlich für die Ozonschicht
- R 60 Kann die Fortpflanzungsfähigkeit beeinträchtigen
- R 61 Kann das Kind im Mutterleib schädigen
- R 62 Kann möglicherweise die Fortpflanzungsfähigkeit beeinträchtigen
- R 63 Kann das Kind im Mutterleib möglicherweise schädigen
- R 64 Kann Säuglinge über die Muttermilch schädigen
- R 65 Gesundheitsschädlich: kann beim Verschlucken Lungenschäden verursachen
- R 66 Wiederholter Kontakt kann zu spröder und rissiger Haut führen
- R 67 Dämpfe können Schläfrigkeit und Benommenheit verursachen
- R 68 Irreversibler Schaden möglich

Kombination der R-Sätze (Auswahl)

- R 14/15 Reagiert heftig mit Wasser unter Bildung hochentzündlicher Gase
- R 20/22 Gesundheitsschädlich beim Einatmen und Verschlucken
- R 20/21/22 Gesundheitsschädlich beim Einatmen, Verschlucken und bei Berührung mit der Haut
- R 21/22 Gesundheitsschädlich bei Berührung mit der Haut und beim Verschlucken
- R 23/25 Giftig beim Einatmen und beim Verschlucken
- R 23/24/25 Giftig beim Einatmen, Verschlucken und bei Berührung mit der Haut
- R 24/25 Giftig bei Berührung mit der Haut und beim Verschlucken
- R 36/37 Reizt die Augen und die Atmungsorgane
- R 36/38 Reizt die Augen und die Haut
- R 36/37/38 Reizt die Augen, Atmungsorgane und die Haut
- R 50/53 Sehr giftig für Wasserorganismen, kann in Gewässern längerfristig schädliche Wirkungen haben
- R 51/53 Giftig für Wasserorganismen, kann in Gewässern längerfristig schädliche Wirkungen haben
- R 52/53 Schädlich für Wasserorganismen, kann in Gewässern längerfristig schädliche Wirkungen haben

Sicherheitsratschläge (S-Sätze)

- S 1   Unter Verschluss aufbewahren
- S 2   Darf nicht in die Hände von Kindern gelangen
- S 3   Kühl aufbewahren
- S 4   Von Wohnplätzen fern halten
- S 5   Unter ... aufbewahren (geeignete Flüssigkeit vom Hersteller anzugeben)
- S 6   Unter ... aufbewahren (inertes Gas vom Hersteller anzugeben)
- S 7   Behälter dicht geschlossen halten
- S 8   Behälter trocken halten
- S 9   Behälter an einem gut gelüfteten Ort aufbewahren
- S 12 Behälter nicht gasdicht verschließen
- S 13 Von Nahrungsmitteln, Getränken und Futtermitteln fern halten
- S 14 Von ... fern halten (inkompatible Substanzen sind vom Hersteller anzugeben)
- S 15 Vor Hitze schützen
- S 16 Von Zündquellen fern halten – Nicht rauchen
- S 17 Von brennbaren Stoffen fern halten
- S 18 Behälter mit Vorsicht öffnen und handhaben
- S 20 Bei der Arbeit nicht essen und trinken
- S 21 Bei der Arbeit nicht rauchen
- S 22 Staub nicht einatmen
- S 23 Gas/Rauch/Dampf/Aerosol nicht einatmen (geeignete Bezeichnung[en] vom Hersteller anzugeben)
- S 24 Berührung mit der Haut vermeiden
- S 25 Berührung mit den Augen vermeiden
- S 26 Bei Berührung mit den Augen sofort gründlich mit Wasser abspülen und Arzt konsultieren
- S 27 Beschmutzte, getränkte Kleidung sofort ausziehen
- S 28 Bei Berührung mit der Haut sofort abwaschen mit viel ... (vom Hersteller anzugeben)
- S 29 Nicht in die Kanalisation gelangen lassen
- S 30 Niemals Wasser hinzugießen
- S 33 Maßnahmen gegen elektrostatische Aufladungen treffen
- S 35 Abfälle und Behälter müssen in gesicherter Weise beseitigt werden
- S 36 Bei der Arbeit geeignete Schutzkleidung tragen
- S 37 Geeignete Schutzhandschuhe tragen
- S 38 Bei unzureichender Belüftung Atemschutzgerät anlegen
- S 39 Schutzbrille/Gesichtsschutz tragen
- S 40 Fußboden und verunreinigte Gegenstände mit ... reinigen (Material vom Hersteller anzugeben)
- S 41 Explosions- und Brandgase nicht einatmen
- S 42 Bei Räuchern/Versprühen geeignetes Atemschutzgerät anlegen (geeignete Bezeichnung[en] vom Hersteller anzugeben)
- S 43 Zum Löschen ... (vom Hersteller anzugeben) verwenden (wenn Wasser die Gefahr erhöht, anfügen: „Kein Wasser verwenden")
- S 45 Bei Unfall oder Unwohlsein sofort Arzt hinzuziehen (wenn möglich, dieses Etikett vorzeigen)
- S 46 Bei Verschlucken sofort ärztlichen Rat einholen und Verpackung oder Etikett vorzeigen
- S 47 Nicht bei Temperaturen über ... °C aufbewahren (vom Hersteller anzugeben)
- S 48 Feucht halten mit ... (geeignetes Mittel vom Hersteller anzugeben)
- S 49 Nur im Originalbehälter aufbewahren
- S 50 Nicht mischen mit ... (vom Hersteller anzugeben)
- S 51 Nur in gut gelüfteten Bereichen verwenden
- S 52 Nicht großflächig für Wohn- und Aufenthaltsräume verwenden
- S 53 Exposition vermeiden – vor Gebrauch besondere Anweisungen einholen
- S 56 Dieses Produkt und seinen Behälter der Problemabfallentsorgung zuführen
- S 57 Zur Vermeidung einer Kontamination der Umwelt geeigneten Behälter verwenden
- S 59 Information zur Wiederverwendung/Wiederverwertung beim Hersteller/Lieferanten erfragen
- S 60 Dieses Produkt und sein Behälter sind als gefährlicher Abfall zu entsorgen
- S 61 Freisetzung in die Umwelt vermeiden. Besondere Anweisungen einholen/Sicherheitsdatenblatt zurate ziehen
- S 62 Bei Verschlucken kein Erbrechen herbeiführen. Sofort ärztlichen Rat einholen und Verpackung oder dieses Etikett vorzeigen
- S 63 Bei Unfall durch Einatmen: Verunfallten an die frische Luft bringen und ruhig stellen
- S 64 Bei Verschlucken Mund mit Wasser ausspülen (nur wenn Verunfallter bei Bewusstsein ist)

Kombination der S-Sätze (Auswahl)

- S 1/2   Unter Verschluss und für Kinder unzugänglich aufbewahren
- S 3/7   Behälter dicht geschlossen halten und an einem kühlen Ort aufbewahren
- S 3/9   Behälter an einem kühlen, gut gelüfteten Ort aufbewahren
- S 3/9/14   An einem kühlen, gut gelüfteten Ort, entfernt von ... aufbewahren (die Stoffe, mit denen Kontakt vermieden werden muss, sind vom Hersteller anzugeben)
- S 3/9/14/49   Nur im Originalbehälter an einem kühlen, gut gelüfteten Ort, entfernt von ... aufbewahren (die Stoffe, mit denen Kontakt vermieden werden muss, sind vom Hersteller anzugeben)
- S 3/9/49   Nur im Originalbehälter an einem kühlen, gut gelüfteten Ort aufbewahren
- S 3/14   An einem kühlen, von ... entfernten Ort aufbewahren (die Stoffe, mit denen Kontakt vermieden werden muss, sind vom Hersteller anzugeben)
- S 7/8   Behälter trocken und dicht geschlossen halten
- S 7/9   Behälter dicht geschlossen an einem gut gelüfteten Ort aufbewahren
- S 7/47   Behälter dicht geschlossen und nicht bei Temperatur über ... °C aufbewahren (vom Hersteller anzugeben)
- S 20/21   Bei der Arbeit nicht essen, trinken oder rauchen
- S 24/25   Berührung mit den Augen und der Haut vermeiden
- S 29/56   Nicht in die Kanalisation gelangen lassen; dieses Produkt und seinen Behälter der Problemabfallentsorgung zuführen
- S 36/37   Bei der Arbeit geeignete Schutzhandschuhe und Schutzkleidung tragen
- S 36/37/39   Bei der Arbeit geeignete Schutzhandschuhe, Schutzkleidung und Schutzbrille/Gesichtsschutz tragen
- S 36/39   Bei der Arbeit geeignete Schutzkleidung und Schutzbrille/Gesichtsschutz tragen
- S 37/39   Bei der Arbeit geeignete Schutzhandschuhe und Schutzbrille/Gesichtsschutz tragen

Hinweise zur Arbeit mit Gefahrstoffen

Beim Arbeiten mit Chemikalien sind die geltenden Rechtsvorschriften (Chemikaliengesetz, Gefahrstoffverordnung, Technische Regeln für den Umgang mit Gefahrstoffen, Arbeits- und Unfallschutzvorschriften) einzuhalten. Dies gilt in gleichem Maße für die Entsorgung der beim Arbeiten anfallenden Gefahrstoffabfälle; das grundlegende Gesetz hierfür ist das Kreislaufwirtschafts- und Abfallgesetz.

Alle in diesem Buch bei Experimenten angeführten Gefahrstoffe werden in einer Liste auf Seite 69 mit den jeweils zutreffenden R-, S- und E-Sätzen aufgeführt. Die Übersicht zur Entsorgung von Gefahrstoffabfällen auf der folgenden Seite stellt den prinzipiellen Ablauf der Behandlung und des Sammelns bis zur Entsorgung sowie der Übergabe der Gefahrstoffabfälle zur Sondermüllentsorgung dar. Die Behandlung und das Sammeln der Abfälle setzt solide Kenntnisse der Lehrerinnen und Lehrer voraus. Daher kann die Übersicht nur eine Orientierungshilfe sein.

ENTSORGUNG VON GEFAHRSTOFFABFÄLLEN

Stoffe mit E 1
Natriumchlorid, Natriumcarbonat, Wasserstoffperoxidlösung
Verdünnen
▼
Abwasser

Stoffe mit E 2
Mineralsäuren, Essigsäure, Laugen
Neutralisieren
▼
Abwasser

Stoffe mit E 3
Eisen (Späne), Calciumcarbonat, Mangan(IV)-oxid, Aktivkohle
▼
Hausmüll

Stoffe mit E 4
Bleisalze
Als Sulfid fällen, Niederschlag absetzen lassen.
Niederschlag
▼
Sammelbehälter „Anorganische Chemikalienreste" (T, C) pH > 10 beachten!
▼
Sondermüllentsorgung (evtl. Recycling)

Stoffe mit E 5
Fluoride, Oxalate
Mit Calciumchloridlösung fällen und Niederschlag abtrennen.
Flüssigkeit | Feststoff
Abwasser | **Hausmüll**

Stoffe mit E 7
Stickstoffdioxid, Chlorwasserstoff, Ammoniak
Abzug!
Wenn möglich, Stoffe absorbieren oder verbrennen.
▼
Abluft

Stoffe mit E 9
roter Phosphor, Kohlenstoffdisulfid, Diethylether
In kleinsten Portionen *vorsichtig (!)* verbrennen;
kleinste Kohlenstoffdisulfidmengen im Freien verdunsten lassen.
▼
Abluft

Stoffe mit E 10
halogenfrei | halogenhaltig
Lösemittelreste, z. B. Petroleumbenzin, Methanol, Toluol | Lösemittelreste, z. B. Bromethan, Trichlormethan
Sammelbehälter „Organische Reste halogenfrei" (F, T bzw. F, Xn) | **Sammelbehälter „Organische Reste halogenhaltig" (F, T bzw. F, Xn)**
▼
Sondermüllentsorgung

Stoffe mit E 11
Nickelsalze, Cobaltsalze, Kupfersalze
Als Hydroxid fällen (pH = 8), Niederschlag absetzen lassen.
Flüssigkeit | Schlamm
Abwasser | **Sammelbehälter „Anorganische Chemikalienreste" (T, C) pH > 10 beachten!**
▼
Sondermüllentsorgung (evtl. Recycling)

Stoffe mit E 13
Silbersalze, Kupfersalze
Mit unedlem Metall (z. B. Eisen) behandeln, eine Nacht stehen lassen.
Flüssigkeit | Metall
Abwasser | **Recycling oder Sondermüllentsorgung**

Stoffe mit E 15
Calcium
Abzug!
Vorsichtig mit Wasser umsetzen, Gase verbrennen oder ableiten, Rückstände verdünnen.
▼
Abwasser

Stoffe mit E 16
Alkalimetalle, z. B. Natrium, Kalium
Mit Ethanol bzw. Butanol (Kalium) *vorsichtig* umsetzen; nach 1 bis 3 Tagen wie Stoffe mit E 2 weiterbehandeln (neutralisieren).
▼
Abwasser

Chlorwasser, Brom, Bromwasser, Iod
Mit Natriumthiosulfatlösung umsetzen.
▼
Abwasser

Chromsalze, Chromate
Mit Natriumhydrogensulfitlösung bei pH = 2 zu Chrom(III)-Salzlösung reduzieren; nach etwa 2 Stunden in den Sammelbehälter geben.
▼
Sammelbehälter „Anorganische Chemikalienreste" (T, C)
▼
Sondermüllentsorgung (evtl. Recycling)

Quecksilber, quecksilberhaltige Rückstände
Sammelbehälter „Quecksilberreste" (T+) (verschlossen aufbewahren)
▼
Recycling oder Sondermüllentsorgung

Entsorgungsratschläge (E-Sätze)

- **E 1** Verdünnen, in den Ausguss geben (WGK 0 bzw. 1)
- **E 2** Neutralisieren, in den Ausguss geben
- **E 3** In den Hausmüll geben, gegebenenfalls im Polyethylenbeutel (Stäube)
- **E 4** Als Sulfid fällen
- **E 5** Mit Calcium-Ionen fällen, dann E 1 oder E 3
- **E 6** Nicht in den Hausmüll geben
- **E 7** Im Abzug entsorgen
- **E 8** Der Sondermüllbeseitigung zuführen (Adresse zu erfragen bei der Kreis- oder Stadtverwaltung), Abfallschlüssel beachten
- **E 9** Unter größter Vorsicht in kleinsten Portionen reagieren lassen (z. B. offen im Freien verbrennen)
- **E 10** In gekennzeichneten Behältern sammeln:
  1. „Organische Abfälle – halogenhaltig"
  2. „Organische Abfälle – halogenfrei"
  dann E 8
- **E 11** Als Hydroxid fällen (pH = 8), den Niederschlag zu E 8
- **E 12** Nicht in die Kanalisation gelangen lassen (S-Satz S 29)
- **E 13** Aus der Lösung mit unedlem Metall (z. B. Eisen) als Metall abscheiden (E 14, E 3)
- **E 14** Recycling-geeignet (Redestillation oder einem Recyclingunternehmen zuführen)
- **E 15** Mit Wasser <u>vorsichtig</u> umsetzen, frei werdende Gase absorbieren oder ins Freie ableiten
- **E 16** Entsprechend den speziellen Ratschlägen für die Beseitigungsgruppen beseitigen

Liste von Gefahrstoffen

Gefahrstoff	Kenn-buchstabe	R-Sätze	S-Sätze	E-Sätze
Aluminiumgrieß		10-15	(2)-7/8-43	6-9
Ammoniaklösung $10\% \leq w < 25\%$	C	34	(1/2)-26-36/37/39-45-61	2
Ammoniaklösung $5\% \leq w < 10\%$	Xi	36/37/38	(1/2)-26-36/37/39-45-61	2
Ammoniumchlorid	Xn	22-36	(2)-22	1
Bleioxid	T, N	61-20/22-33-50/53-62	53-45-60-61	4-8-14
Calcium	F	15	(2)-8-24/25-43	15
Calciumhydroxid	C	34	26-36/37/39-45	2
Calciumoxid	C	34	26-36	2
Essigsäure $w \geq 90\%$	C	10-35	(1/2)-23-26-45	2-10
Essigsäure $25\% \leq w < 90\%$	C	34	(1/2)-23-26-45	2-10
Ethanol (Brennspiritus)	F	11	(2)-7-16	1-10
Iod	Xn, N	20/21	(2)-23-25	1-16
Kaliumhydroxid	C	22-35	(1/2)-26-36/37/39-45	2
Kaliumnitrat	O	8	16-41	1
Kaliumpermanganat	O, Xn, N	8-22-50/53	(2)-60-61	1-6
Kohlenstoffmonooxid	F+, T	61-12-23-48/23	53-45	7
Kupferiodid	Xn, N	22-50/53	(2)-22-60-61	11
Kupfer(I)-oxid	Xn	22	(2)-22	11
Kupfer(II)-sulfat	Xn, N	22-36/38-50/53	(2)-22-60-61	11
Magnesium, Pulver (phlegmatisiert), Späne	F	11-15	(2)-7/8-43	3
Magnesiumoxid			22	3
Mangan(IV)-oxid (Braunstein)	Xn	20/22	(2)-25	3
Natriumcarbonat	Xi	36	(2)-22-26	1
Natriumhydroxid	C	35	(1/2)-26-37/39-45	2
Natronlauge $w \geq 5\%$	C	35	(1/2)-26-37/39-45	2
Oxalsäure	Xn	21/22	(2)-24/25	5
Oxalsäurelösung $w > 5\%$	Xn	21/22	(2)-24/25	5
Petroleumbenzin	F	11	9-16-29-33	10-12
1-Propanol	F, Xi	11-41-67	(2)-7-16-24-26-39	10
Salzsäure $10\% \leq w < 25\%$	Xi	36/37/38	(1/2)-26-45	2
Sauerstoff	O	8	(2)-17	
Schwefeldioxid	T	23-34	(1/2)-9-26-36/37/39-45	7
Schwefelsäure $w \geq 15\%$	C	35	(1/2)-26-30-45	2
Schwefelsäure $5\% \leq w < 15\%$	Xi	36/38	(2)-26	2
Silberoxid	O, Xi	8-41-44	26-39	12-13-14
Stickstoffoxide	T+	26/27-34	(1/2)-9-26-28-36/37/39-45	7
Wasserstoff	F+	12	(2)-9-16-33	7
Zinkpulver (phlegmatisiert)		10-15	(2)-7/8-43	3

w: Massenanteil

Register

f. nach der Seitenzahl bedeutet „und folgende Seite", ff. „und folgende Seiten".

A
Abfalldeponie 56
Abfallsortieranlage 57
Abfallverbrennungsanlage 56
Abgastest 8
Abwasser 55
Adsorption 44
Aggregatzustand 30 f., 33 f., 36
– im Teilchenmodell 33
– von Stoffen 30, 36
Aggregatzustandsänderung 31, 34
Alkohol (Ethanol) 36
Altglas, Wiederverwertung 57
Apatit 46
Aräometer 26
Aufschlämmung (Suspension) 41 f.

B
Backpulver 23
Basiskonzepte Chemie 16
Bergkristall 22
Biogas 55
Bodenkörper 50
Bodensatz 42
Brennbarkeit 23
Brenner 14
Bromdampf 33
Bronze 18
BROWN'sche Bewegung 33
Bunsenbrenner 14

C
Chemikalien 19
–, Aufbewahrung 10
–, Entnahme 11
–, Entsorgung 11
–, Sammelbehälter 11
–, Umgang 10
chemische Reaktion (Basiskonzept) 16
Chromalaun 47
Chromatografie 58

D
Dekantieren 42
Destillation 43
–, mehrfache 44
Dichte von Stoffen 26
Diffusion 33
Dunstabzugshaube 44

E
Eindampfen 43
Eisen 28, 30
Emulsion 41, 61
energetische Betrachtung bei Stoffumwandlungen (Basiskonzept) 16
Entsorgungsratschläge 68
Erstarren 31
Erstarrungstemperatur 27
E-Sätze 68
Essigessenz 41
Ethanol 36
Experiment, Protokoll 21
–, Regeln 13
Expertenmethode 15
Extrahieren 44

F
Farbe 22
Farbstofflösung 59
Faulgas (Biogas) 55
Filter 43
Filtrieren 42
Flamme, leuchtende 14
–, nicht leuchtende 14
–, rauschende 14
Fruchtsaftzentrifuge 44

G
Gasgemisch 41, 61
Gefahrenbezeichnungen 10, 66
Gefahrenhinweise 66
Gefahrensymbole 10, 66
Gefahrstoffe 10, 67, 69
Gefahrstoffverordnung 10
Gemenge 41, 61
Geruch 22
Geruchsprobe 13
Geschmack 22
Gips 23
Glanz 22
Gold 18
Grundwasser 54

H
Härteskala nach MOHS 24
Hausabfall (Zusammensetzung) 56
heterogen 41, 61
homogen 41, 61

I
Indikator 52, 61
Iod 36

K
Kalkspat 47
Kartuschenbrenner 14
Kennbuchstaben 10, 66
Klang 22
Kläranlage 9, 55
Kochsalzkristall 47
Kochsalzlösung, physiologische 45
Kondensieren 31
Körper 18
Kristalle 22, 46 f.
– züchten 46 f.
Kristallbildung 46
Kupfer 22
Kupfersulfatkristall 46

L
Lackmus 52
Legierung 41, 61
Leitfähigkeit, elektrische 23
Lernen an Stationen 15
Lösemittel Wasser 48, 50, 50
Lösevorgang 41
Löslichkeit 23, 50
– von gasförmigen Stoffen in Wasser 51
Löslichkeitskurve 51
Lösung 41, 61
–, alkalische 53, 61
–, gesättigte 50
–, konzentrierte 51
–, neutrale 53
–, saure 52, 61
–, verdünnte 51

M
Magnetismus 23
Massenanteil von Stoffgemischen 45
Massenkonzentration 51
mechanische Reinigungsstufe 55
Mehl 22
Milch 34, 41
Modelle 33
MOHS, FRIEDRICH 24
Müll 56

N
Nebel 41
Normdruck 27

O
Oberflächenwasser 54

P
Papierchromatografie 58
pH-Wert 53, 61
Projektbearbeitung 24
Protokollieren von Experimenten 21

Q
Quellwasser 54

R
Rauchgasentschwefelungsanlage 8, 41, 61
Raureif 31
Reaktion, chemische 16
Regeln beim Experimentieren 13
Reinigungskraft, chemische/mechanische 55
Reinstoffe 40, 61
Resublimation 31
R-Sätze 11, 66
Rundfilter (Faltung) 43
RUNGE, FRIEDLIEB FERDINAND 58
RUNGE-Bilder 58

S

Salzgewinnung 42
Schaum 41
Schmelzen 31
Schmelztemperatur 27
Schwefel 22, 36
Schwimmtrennung 44
Sedimentieren 42
Sicherheitsratschläge 67
Siedetemperatur 27
Silber 18
Smaragd 46
S-Sätze 11, 67
Steckbrief, Eisen 28
– von Stoffen 36
Stoffe 17 f., 32, 36, 58
–, Aggregatzustand 30, 36
–, Bau 32
–, Bearbeitung 19
–, Eigenschaften 17, 22, 36
–, Eigenschaftskombination 28
–, Einteilung 40, 61
– erhitzen 30
– erkennen 20, 22, 28
–, Härte 24
– in der Natur 19
–, kleinste Teilchen 32
– messen 25 f.
–, Steckbrief 28, 36
–, Teilbarkeit 32
–, Temperatur 29
– trennen 38
–, Umwandlung 16
Stoffgemische 37, 40, 61
–, Arten 41, 61
–, heterogene 41, 61
–, homogene 41, 61
–, Massenanteil 45
–, Trennverfahren 42, 61
–, Volumenanteil 45
–, Zusammensetzung 45
Stoffportion 32
Stoff-Teilchen-Beziehungen (Basiskonzept) 16
Struktur-Eigenschafts-Beziehung (Basiskonzept) 16
Sublimation 31
Suspension 41, 61
Süßwasser 54

T

Teclubrenner 14
Teilbarkeit von Stoffen 32
Teilchenbewegung 33 f.
Teilchenmodell 33, 36
–, Aggregatzustand 33
Teilchenvorstellung Farbstoff-Wasser-Gemisch 40
Topas 46
Trennverfahren 61
Trinkwasser, Aufbereitung 54
–, Gewinnung 54
–, Schutzgebiet 54

U

Universalindikator 52
–, Vergleichsskala 53

V

Verdampfen 31
Verdunsten 43
Volumenanteil 45
Vorlage 43

W

Wärmeleitfähigkeit 22
Wasser 30
–, destilliertes (Vorlage) 43
–, gelöste Stoffe 50
–, Lösemittel 48, 50
–, Zustandsformen 30
Wasserwerk 54 f.
Weinbrand 44
Wiederverwertung Altglas 57

Z

Zentrifugieren 44
Zucker 32
Zuckerkristall 32, 41
Zuckerwasser (Lösevorgang) 41
Zustandsformen des Wassers 30

Bildnachweis
ADN Berlin/Ahnert: 9/5 | Alfred Sternjakob GmbH, Frankenthal: 57/7 | allOver Bildagentur: 32/1 | Arco Digital Images/Straesser, H.: 42/1 | Asbach GmbH & Co, Rüdesheim: 44/1 | Bach-Kolster, H., Duisburg: 8/4 | Berliner Stadtreinigung, Berlin: 56/1 | Blickwinkel/Hecker/Sauer: 16/2 | Braunschweigerische Kohlenbergwerke: 8/3 | Bundesanstalt für Milchforschung, Kiel: 41/3 | CeramTec AG, Plochingen: 12/2 | Corbis: 18/2, 60 (Creme) | Daimler Benz/Dornier: 9/1,2 | Das Fotoarchiv/Sugar, J. A.: 5/1 | Deutsche Lufthansa AG: 7/1 | Döring, V., Hohen-Neuendorf: 8/2, 10/1-2, 11/1-4, 13/1-2, 14/2, 16/3, 19/3-4, 20/1-4, 21/1, 22/1-3, 23/5-7, 24, 26/1, 27/3-4, 28/1-2, 29/1-2, 30/2, 32/2-3, 35/4, 36/3, 41/4, 42/2, 44/2, 46/4, 47/1, 53/4, 58/2, 59/5, 60 (Wasser) | Fischer, R., Berlin: 52/1 | Fotoatelier Mock, Mühlhausen: 36/1 | Gartung, W./Wings: 50/2 | Haarmann & Reimer GmbH, Holzminden: 37 (Labor) | Harzwasserwerke GmbH, Hildesheim: 55/4 | Heinzel, K.: 54/3 | Helga Lade Bildagentur: 6/3, 9/3, 56/3 | Hoechst AG, Ffm: 6/4 | Jan Kolbe Einbaugeräte GmbH, Pettstadt: 44/4 | Knopfe, M., Freiberg: 22/4, 46/1-3 | Kulka, M., Düsseldorf: 35/3 | Lehmkuhl, A., Bempflingen: 42/3 | Loctite/Henkel KgaA: 6/1 | Ludwig Preiß Industrie- und Pressebilddienst GmbH, Berlin: 9/6, 36/2 | Matthes, S., Berlin: 58/1 (Kuli) | Mauritius/Freytag: 16/4 | NASA: 5/2 | Nayhauß, D. von, Berlin: 34/1 | Nordzucker AG, Braunschweig: 17/1-2 | Offermann, Arlesheim (Schweiz): 47/6-7 | PHYWE SYSTEME GmbH, Göttingen: 26/2 | picture alliance/Godong: 18/1 | picture alliance-dpa: 35/1 | picture alliance-dpa/ZB: 7/2 | SALINEN AUSTRIA AG, www.salinen.com: 46 (Hintergrund) | Senkel, G., Rießen: 33/5 | Superbild Bildagentur: Einband, 6/2, 6 (Hintergrund), 9/4, 12/1,3, 40/1 (Vordergrund) | vario-press: 12/4, 50/1 | W. Deuter Foto, Düsseldorf: 35/2 | Wenzel, G., Berlin: 31/4 | www.parfumflacons.de: 37 (Flacon) | zefa visual media: 8/1-5, 40/1 (Hintergrund).
Alle anderen Fotos: Cornelsen Verlag Berlin.

Einfache Laborgeräte

Brenner	Drahtnetz
Tiegelzange	Reagenzglashalter
Verbrennungslöffel	Spatellöffel
Stativ	

Messzylinder · Standzylinder · Tondreieck · Dreifuß · Stativmuffe · Stativklemme

Trichter · Gaswaschflasche · Reagenzglas · Reagenzglas mit Ansatzrohr · U-Rohr · Becherglas

pneumatische Wanne · Mörser mit Pistill · Abdampfschale · Porzellantiegel · Porzellanschiffchen · Uhrglasschale

Cornelsen

ISBN-13: 978-3-06-013945-3
ISBN-10: 3-06-013945-8